女性心理療法家のための
Q & A

編
岡野憲一郎
著
心理療法研究会

星和書店

Q and As for Female Psychotherapists

Edited by
Kenichiro Okano, M.D., Ph.D.

by
The Study Group for Psychotherapy

©2007 by Seiwa Shoten Publishers

はじめに

　本書は，私たち心理療法家が治療中に体験する様々なとまどいや疑問などについて考える機会を提供することを目的としています。

　最初に２つの点をご説明いたします。まずこの本の題名を「女性心理療法家のため」としたのは，編者である私（岡野）が女性の心理療法家の方たちとのスーパービジョンを多く体験しているために，この種の疑問を彼女たちがしばしば持ち，アドバイスを求めていることを知ったからです。以下にあげる「Ｑ」のかなりのものは，実際に女性の療法家が男性の患者さんから言われたり，直面させられたりするものです。ですからとりあえず女性の読者を対象として考え，タイトルも「女性の」としました。しかしもちろん男性の心理療法家の方がお読みになるのも大歓迎ですし，それなりに多くのヒントを提供できるのではないかと自負しています（なおこれらのＱに登場する患者さん達については，そのプライバシーを守るために多くの変更が加えられ，そのうえ作者も伏せてあります）。

　もうひとつは，このＱ＆Ａは，特に１つのＡ，すなわち「正解」を提供しているわけではないということです。というよりはここに掲げられたＱはどれも，１つの正解など考えられないか，あるいは教科書的な意味での正解が実際の臨床状況にそぐわない場合が多いような状況についてのものなのです。ではこのＱ＆Ａにはどのような意味があるのでしょうか？　それは少なくともこのような状況が生じたときに途方に暮れないためなのです。これらのＱのどれひとつをとっても，多くの療法家にとっては，すぐには対応が出来ずに言葉を呑む，という反応を起こす可能性があります。そしてそのセッションはなんとかやり過ごしても，その後にいろいろなアドバイスを求めたり，スーパーバイザーに

質問をしたり，というふうにして対処することは容易に想像されます（ただしおそらく意見を求めた人の数だけ，異なった答えが返ってくる可能性があり，これが厄介な問題なのです）。だったら少なくとも自分にとって精一杯の対応がどういうものになるかをあらかじめ心に描いておこう，と考えるのが賢明な療法家の姿勢ではないでしょうか？　それによって次の臨床場面で似たようなQに直面しても，「ど，どうしよう……頭が真っ白だ……でも何か言わなくては……」という反応ではなく，「そうか。あの状況だな。さて，この場ではどう対応したらいいのだろうか？」と思うことが出来たら，これはかなりの進歩なのです。

　私たち人間は，次に何が起きるか予測できないという状況が無条件に怖いものです。そして経験の浅い療法家が患者さんからどのようなボールを投げてこられるか分からずに治療者の側のいすに座っているのも心細いものです。そのとき患者さんと自分の間に起きうることにある程度のシナリオが示されているならば，それだけ落ち着いて患者さんの言葉に耳を傾けることも出来るでしょう。

　本書の作成は，私の主宰する「心理療法研究会」のメンバーが持ち寄ったQ＆Aをもとにしています。それぞれが研究会で話し合われ，その際のディスカッションをもとに加筆訂正したものを，最終的に私が加筆ないし字句の統一を行い出来上がったものです。その際患者さんの言葉と区別するために，療法家の言葉を〈　〉により表現しておきました。研究会は，若く情熱のある臨床家の方々ばかりです。本書の随所に挿入された四コマ漫画や挿し絵もメンバーの手により作成されたものです。彼らの今後を期待し，本書の最後に少し念入りに自己紹介をしてもらいました。

　本書を手に取った皆さんにとって日々の臨床に携わるうえで何らかの参考になればと期待しております。

平成 19 年 5 月　　岡野憲一郎

目 次

はじめに　iii

「え，えっと…」返答に困るQ&A ……………………………………………… 1
- Q1　「私って何クサイですか？」と迫られたら？　3
- Q2　患者さんがあれこれ質問攻めにしてきたら？　11
- Q3　不潔恐怖の患者さんから握手を求められた！　17
- Q4　終了間際に「最後に1つだけ，どうしても…」と言われたら？　22
- Q5　引きこもりなのに「第二のイチロー」になる夢ばかり語られたら？　28
- ●マンガ●　よくなってきましたね　34／プレゼント　35

「え〜，そんなぁ…」不満を言われたときのQ&A ……………………………… 37
- Q6　「話すことはない」と患者さんがだんまりを決め込んだら？　39
- Q7　「面接の終結が不満だ。確かに最初の目標は達成したけれど…」と言われたら？　44
- Q8　「こんなにひどい扱いをされたことはありません。やっぱり前の先生のところに戻ることにします！」と言われたら？　51
- Q9　「困った時にすぐに具体的に助けてくれない先生とは話したくありません！」と言われたら？　56
- Q10　主治医への不満を並べられたら？　61
- Q11　男性患者さんに「女には頼れない」と言われたら？　66
- ●マンガ●　おばあさん　72／涙が　73

「こんなのアリ!?」治療構造に関するQ&A ……………………………………… 75
- Q12　患者さんから「たまには公園に行きませんか」と言われたら？　77
- Q13　「毎週のペースで面接に通うのが難しくなったのですが」と

　　　　言われたら？　82
　　Q 14　面接回数を増やすことを要求されたら？　86
　　Q 15　面接中に他の患者さんからの緊急電話がかかってきたら？　90
　　Q 16　患者さんが面接室を飛び出そうとしたら？　96
　　Q 17　主治医に，断りなしに夫婦面接を設定されてしまったら？　102
　●マンガ●　すごい…　106　／傾聴？　107

「誰か教えて〜」　こんな時どうするの？と迷うQ&A …………109
　　Q 18　面接中に眠ってしまったら？　111
　　Q 19　患者さんが本当に改善しているのか不安になった…　117
　　Q 20　患者さんが「刺青を見せてあげますよ」とTシャツを
　　　　　脱ぎ始めたら？　121
　　Q 21　初めて「交代人格」を体験したら？　127
　　Q 22　終結間際の面接で「寂しいです…」と言われたら？　132
　　Q 23　患者さんが，引きこもりの息子のことを「主訴」と
　　　　　していたら？　137
　　Q 24　手ごわい患者さんに力負けしそうになったら？　143
　　Q 25　髪型・服装が療法家に似てきた！　149
　●マンガ●　またあの話　154　／電話相談　155

「まじめな質問？　それともセクハラ？」　性愛，セックスに関するQ&A ……157
　　Q 26　患者さんから「一緒に食事に行きませんか？」と誘われたら？　159
　　Q 27　患者さんが自分の痴漢行為をニヤニヤしながら話したら？　164
　　Q 28　仕事を終えて帰ろうとしたら，男性患者さんが外で
　　　　　待っていた！　170
　　Q 29　「エッチなことが好き！」と繰り返し言われたら？　175
　　Q 30　電話相談で男性に「妹にセックスを迫られて…」と
　　　　　言われたら？　180
　●マンガ●　ひだまりの民　184　／B型　185

「いざという時，頼りにしてます！」 スーパービジョンに関するQ&A …187

- Q 31　スーパーバイザーにドタキャンされたら？　189
- Q 32　スーパーバイザーを怒らせてしまった！　195
- ●マンガ●　薬の不安　200／副作用？　201

「ちょっと待った〜！」 危機介入に関するQ&A …203

- Q 33　「もう死ぬことに決めましたから面接も今日で終わりにします」と言われたら？　205
- Q 34　患者さんが薬をためていたら？　211
- Q 35　患者さんが凶器を持っていたら？　216
- Q 36　電話相談で「死に方を教えてください！」と言われたら？　221
- Q 37　患者さんが同僚への報復を宣言したら？　227
- Q 38　「今日，面接の後，死にます」と言われたら？　233
- Q 39　プレイルームの原状回復のルールが守られず，次の子どもが動揺してしまったら？　237
- Q 40　大変なケースに，SOS！　244
- ●マンガ●　新しいケータイ　250／野原イメージ　251／緊張感が…　252／うつ病？　253

あとがき　255
著者紹介　259
編者紹介　265

漫　画——尾方　　文
挿し絵——佐々木敏恵

> え, えっと…

返答に困る Q&A

Q1 「私って何クサイですか？」と迫られたら？

　ある女性心理療法家は 20 代の女性患者 A さんと面接を始めた。A さんは，「私の鼻と口の間からにおいが出ているはずなんです。いつも変な味がしているから本当です」と言い，面接の度に，療法家に「私って何クサイですか？　教えてください！」と迫るのだった。

　実際には療法家にとって，A さんはちっとも臭く(くさ)などなかった。彼女が自分を臭いと感じるようになったきっかけは，別れた暴力的な夫に，「くせえんだよ！」と罵ら(ののし)れたことであった。彼以外の人からそう言われたことはなかったが，それ以来彼女は自分が臭いのだという確信を持つようになり，外出をなるべく避け，長時間の歯磨きや手洗い，入浴を一日に何度も繰り返したり，口臭や体臭に効くと言われるありとあらゆることを試したりするようになった。

　A さんは自分ではどんなにおいがしているのかわからないので，親しい人に尋ねてみるのだが，皆「におわない」と嘘をつくと感じていた。彼女は，皆が自分に本当のことを言わないのは，「可哀想だと同情しているからか，あまりにもひどい臭さなので本当のことを言うと私が立ち直れないほど傷つくと思っているからに違いない」と確信していた。口臭チェックのグッズも購入して試してみたが，「全て壊れていて結果が出なかった」と言うのだった。

　A さんが恐れていたのは，小学生の頃，実際に口からウンコのにおいがする同級生がいて，皆からいじめられていたが，「自分の今のにおいはそれと同じなのではないか」という疑惑であった。また，彼女は「無

臭の人たちには，体内に悪臭を浄化する装置がついているけど，私にはきっとそれがないんだ」と悲しんでもいた。さらに，彼女は「ワキガのにおいがわからない」と言い，自分だけ嫌なにおいを感じる力がないのだ，と考えてもいて，療法家にしきりとワキガのにおいについて説明を求めるのだった。しかし，その反面，Aさんはワキガ以外のにおいには人一倍敏感で，電車の中などで「オヤジクサイ」人や「お風呂に入っていなさそうな」人に我慢ならず，隣り合わせると席や車両を移動したりすることも度々だった。

　この症状のためにAさんは，従業員全員がマスクを着用する決まりになっている現在の職場を選んでいるが，仕事そのものは好きになれず，見通しもないままに転職したがっていた。症状がひどい時には，仕事を休んでしまうこともあったが，最近はなんとか休まずに済んでいる。

　ともかく，Aさんは心底，自分が何クサイのかを知りたがっており，本当のことを教えてくれて，できればその嫌なにおいを自分から取り去ってくれる誰かを真剣に求めていた。そのことを強く実感していた療法家は，Aさんから本当にクサイにおいがしていて，そのことを教えてあげたり，それを取り去ってあげられたらどんなにいいだろう，と空想し，それを彼女に伝えてしまうことさえあった。

A *Answer*

A-1 ▶ 共感的介入に努める

　療法家はAさんの話を聞きながら，共感に努めた。その過程で次のような言葉を投げかけた。〈孤独のにおいがしますね……〉。ふと口をついて出た言葉だった。「え？」と一瞬Aさんは不思議そうな表情

を見せた。療法家は続けた。〈誰にもわかってもらえない，私は一人ぼっちだ，というにおいです〉。Ａさんはその言葉を自分で嚙みしめるようにして深くうなずいた。

　療法家は自分がどうしてこのような言葉をかけたのかを考えてみた。そしてＡさんのにおいの訴えとは別に，さびしさ，孤独感といったものがしばしば感じられていたことに思い至った。「自分は人に好かれるはずがない」「自分は人に避けられている」という気持ちの背景にある，自己評価の低さが，「自分はにおっているのだから人から避けられるのだ」という口実へと置き換えられることで一抹の安堵が得られているのではないか，Ａさんなりの合理化になっているのではないか，という力動的な理解が頭に浮かんだのである。治療においてはそれから，「みんな私に嘘をついている」と思い続けているＡさんが，いかに深い孤独感や寂しさに悩まされているかに焦点が移っていった。療法家は自分自身の介入を，Ａさんの孤独感や寂しさに焦点を当てつつ明確化するという，洞察的介入のひとつであると考えた。

A-2 ▶ 洞察的介入を行う

　療法家は，転移の文脈を重視した。〈あなたは，誰も自分に本気で関わろうなんてしないし，ここでも，私が嘘をついていて「自分を助けてなんかくれないんだ」と感じているのでしょうね〉という介入を考えた。そしてそこからは，「クサイ」に象徴される「悪いもの」「汚いもの」しか持っておらず，「浄化装置」に象徴される「よいもの」「大事なもの」が欠けている，価値のない自分である，という「悲しみ」「無力感」「疎外感」「孤独感」や，自分に悪いものを与えるばかりで，よいものを与えてくれない，あるいは奪った対象に対する，「怒り」「憎しみ」やそれに伴う「罪悪感」などの複雑な情緒を扱う糸

口が生まれることを期待した。

A-3 ▶ 心理教育的介入を行う

　実はAさんは10代の頃に薬物乱用の既往があった。そこでこの症状がその後遺症なのではないかと懸念した。しかし薬物乱用が彼女のような幻臭の症状を起こすのかどうかの判断はつかなかった。もし精神医学的にそのような症状が考えられる場合は，〈これは薬物の影響による，ある種の幻覚の可能性もあります。したがって，実際には嫌なにおいなど存在しないかもしれません〉という保証を与え，もっと現実的なことに目を向けてみるよう促すような介入が必要かもしれないと考えた。そこで療法家は実際に精神科医にセカンドオピニオンを求めてはどうかと提案した。

A-4 ▶ 森田療法的介入を行う

　自己臭恐怖の患者さんの多くは，症状がすっかり消失するというのではなく，相変わらず気にはなるが，もっと他の問題が重要になり，あまりそのことにこだわっている暇がなくなる，という形での回復パターンに従うようだ。そうした経験的理解に基づいて，森田療法的に，「そのことにこだわらずに，日常生活を全力で送ることを援助するような介入」を行うことを考えた。そして例えば〈においを気にする気持ちは，もっと素敵なあなたになりたい，自分を生かしたい，という願いの裏返しなのですよ。実際，あなたは，においがなくなったとしたら，どのようなあなたになりたいのでしょうか？〉という介入により森田の言う「生の欲望」に焦点を当て，不安にとらわれず建設的な行動がとれるように促していくことが考えられる。また，〈不安があ

っても，仕事に行けているのが素晴らしい！ やればできるじゃないですか！〉といったように励まし，達成感や自己有用感を強化していく介入も考えられる。こうした介入により，Aさんの表明している無力感や喪失感ないし欠乏感が少しずつ弱まっていく可能性もある。

A-5 ▶ 支持的介入を行う

療法家はAさんの「におい」に対するこだわりを，強迫として捉える方針をとった。そしてそれに基づいて支持的な介入を行った。例えば，〈完璧ににおわなくなるまできれいにしないとすごく心配なのですね。でもそれはとっても疲れるでしょうし，苦しくもあるでしょうね〉などの言葉をかけたのである。このタイプの介入では，同時に，症状への対処について，具体的な方法やその時の気持ちなども細かく取りあげて聞いていくことがポイントとなった。例えば，〈1回の手洗いで石鹸1個使っちゃうんですね。それって結構やった〜っていう気持ちになるのかしら？〉など。こうした介入は，症状とその対処について，「忌むべきもの」「ない方がいいもの」という100％ネガティブな認識に，「快感も伴うもの」「必要でもあるもの」というポジティブな側面の認識を付け加えることで，症状の意味の理解を深め，罪悪感などのネガティブな情緒をゆるめ，ひいては，症状自体を弱める効果をもたらすことが考えられる。

考察・コメント

A-1は，私（療法家）がこの事例をある研究会で提示した際に，あるベテラン男性心理療法家X氏からいただいた鮮やかな介入のアイデアを基に作成したものである。X氏はこう言った。

「〈孤独のにおいがしますね〉と言うと思います。療法家の発言が論理

的に破綻していたとしても，患者の心境にヒットするような言葉であるとすれば，対話は進展するという印象を，私は持っています。こうしたやりとりでうまくいく場合もいかない場合もあると思いますが，うまくいった場合には，『におうか，におわないかの押し問答』から脱して，対人関係における孤独感という話題にスイッチすることが可能でしょう。そして，そちらのほうがはるかに実りある話題です」。

　私はこの介入を聞いて，大変ビューティフルなアイデアだと感じた。確かに，私が患者でＸ氏にそう言われたら，思わず落涙していたであろうことは間違いない。「この治療者は自分のことをわかってくれる」という実感に癒され，さらに洞察を深めていくきっかけになる可能性が極めて高いと考えられる。

　このようにＡ-１の介入は美しいと感じるが，しかし自分自身がＡさんにそのような言葉を投げかけている場面は全く想像できない。私にはＸ氏の持つどっしりと落ち着いた雰囲気は無く，どちらかといえば，頼りなげな印象がある。こんなセリフは，もしうまく言えたとしても，冗談を言っていると思われるか，悪くすると馬鹿にされたと感じてしまう患者さんもいるかもしれない。気の利いた介入であっても療法家の持ち味に合うかどうか，ということも大変重要である。ただし，患者さんと真剣に，誠実に向き合い，言葉の背後にある情緒に焦点を当てようとするならば，そこでは必ず，その療法家の持ち味なりのビューティフルな介入が生まれるのではないか，という気もするのである。また，同じ療法家であっても，患者さんの今ここでのありようにより，全く違った介入が起こりうるだろう。

　実際には，治療にあたっていた私は，表題の質問を受けるたびに，〈あなたはそのことでとてもつらい思いをしているし，真剣に本当のことを知りたいと思っているんですよね。でも，私は今嫌なにおいは感じないのですよ〉としか言えなかった。もちろんＡさんは「先生もまた

嘘ついてる〜！」と眉をひそめた。私は仕方なく，〈強いて言えば，煙草のにおいがする時があるのと，いつもシャンプーか石鹸のようないい匂いを少しだけ感じる〉とも伝えた。その代わりにAさんのしている工夫について詳しく聴き，私もプレイフルなアイデアをいくつか出すこともした（水マニアを自称するAさんに，私が自宅で取り寄せている温泉水のことや，木炭入りのパンの美味しい店の情報を教えるなど）。もちろん，Aさんの苦しさに共感する介入も行ってはいたので，一番主だったものはA-5の支持的介入であったと思う。それと同時に，A-2のような転移解釈や，A-3の医療機関紹介も並行して行っていた。

　6回目の面接で，Aさんは私に次のように報告した。職場の仲間に相談したところ「Bさんに聞いてみな。あの人は絶対に嘘は言わない。誰にでもズケズケ物を言う人だから」と言われ，聞いてみたらやはりにおわないと言われたと。そして，改めて私に「ほんっーーとうに，におわない？」と質問し，顔を近づけて真剣に私の目を覗き込んだ。私も〈ほんっーーとうに，におわないよ〉と真剣に答えると，さらにAさんは「絶対に嘘ついてない？」と畳み掛ける。私が目をそらさずにしっかりと頷くと，ついにAさんは大きな息をつき「わかった。もう諦めるよ！　におわないことでいいや，もう！」と言い，「観念した」という様子だった。

　「自分はクサイはずだ」という考えを諦めたAさんは，その後の面接の中では，Aさんの抱えていた具体的で現実的な問題や心理的な課題に取り組み始めた。

　実際に患者さんは，面接と面接の間，大部分の時間を現実の中で過ごしており，Aさんも，むしろ現実の人間関係の中で，自分の問題を解決していったと言える。

　もうひとつ付け加えるとすれば，私がとった行動の中で，「困る」と言うこと自体が，ある種の自己開示であり，現実的なひとつの介入でも

ある。様々な介入がそれぞれ治療的に働くと思われるが，いずれにせよ，療法家が患者さんと真正面から誠実に向き合おうとしていることが，患者さんに伝わることが最も大切なのではないか，ということだけは間違いない気がする。

Q2
患者さんがあれこれ質問攻めにしてきたら？

　ある女性心理療法家は30代の男性患者Tさんと面接を始めた。まもなくTさんは，「先生は何年くらいこの仕事をしているのですか？」「僕の病気は治るのでしょうか？」などと，熱心に質問してくるようになった。その態度はとても真剣なものに感じられ，療法家はできるだけその質問に直接答えたいという気持ちになった。やがてTさんは様々な事柄について，療法家が一個人として持つ意見や考えに関心を向けるようになった。そして自分自身の体験や考えについて話した後に，「それについて先生はどう思いますか？」と度々質問してくるのだった。そのような質問に対して，療法家は慎重に答えることもあれば，〈Tさん自身はどう考えるのですか？〉と聞き返すこともあったし，〈Tさんはこんなふうに考えているのではないですか？〉と問いかけてみることもあった。

　数カ月経ったある日，Tさんはかつて死のうと考えていた時期のことを振り返って話し始めた。その時のつらい気持ちについて話し終えた後，まっすぐにこちらを見てこう言った。「先生は死にたいと思ったことはありますか？」。療法家は一瞬戸惑ったが，頭の中に様々な情景が駆け巡り，気がつくと自分自身のつらい体験や苦しいと感じた時のことを思い浮かべていた。しかしどう答えていいかわからずに，そのまま黙り込んでいた。するとTさんは続けて，「こんなこと聞いてすみません。でも良かったら教えてほしいのです。先生の生きがいは何ですか？　先生も生きていて苦しい時やつらい時があるのではないでしょうか。それで

も先生には生きがいとか，生きる目的とかがあるのですか？」と尋ねてきた。療法家の対応にはどのようなものがあるだろうか？

A *Answer*

A-1 ▶ 洞察を促すことに努める

　療法家は，思わずこの質問に真正面から答えている自分を想像したが，いかにもそれが治療原則から外れている気がした。患者さんの質問にそのまま答えて療法家が自身の苦しさや生きがいについての考えを自己開示することは，いかにも治療的とは言えない。心理療法の目的は患者さんが自分の心を見つめていくことにあるので，こういった質問に対しても，その背後にあるTさんの気持ちや情緒に，一貫して焦点を当てていくよう努めることが望ましい。そこでこの質問に対して〈Tさんは，死にたいとまで思った自分の気持ちが特別なものであって，他の人には起きないものなのかどうか，知りたくなったのかもしれませんね〉と返してみた。また「先生の生きがいは何ですか？」という質問にも，〈私や他の人は生きがいを持ってしっかり生きているように見えるのかもしれませんね。そうできないように感じる自分自身を責めているのではないですか？〉と，Tさんの深層にある思いに触れるような言葉かけをしてみた。Tさんはそれらの答えを真剣に聞いてはいたが，それでTさんの一連の質問が終わるのかは療法家にも予想がつかなかった。

A-2 ▶ 転移関係の表れとして扱う

　Tさんがこのような質問をする背景には、これまでの人生を振り返り、もう一度考え直したいという動機があるように療法家には感じられた。療法家はそのような心の状態にあるTさんにとって頼るべき存在であり、Tさんは療法家に陽性の転移感情を向けているとも考えられよう。そこで、それに焦点を当て、次のように伝えてみた。〈Tさんは死や生きがいについて、私自身がどう考えているかを知りたいのですね。それはちょうど子どもがいろいろなことで判断に迷った際に、「こういう時にはどうするものなの？」と親に質問するような、そんな気持ちなのではないでしょうか。もしかするとTさんは、私のことを頼れる存在、大事なことを教え導いてくれるような存在と感じているのかもしれませんね〉と。こうしてTさんが療法家に向けている転移的な感情を取り扱うことにより、現在Tさんが置かれている状況や心のありようについて、さらに話し合いを深めていくという方針をとった。

A-3 ▶ 思いつめる気持ちを解きほぐす

　療法家は、何事にも生真面目なTさんが、「死」や「生きがい」について思いつめるあまりに深刻になっているようだと感じた。そしてそのようなTさんの心を解きほぐすことが必要だと考えた。そこでTさんの質問に、次のように答えた。〈死にたいほどつらい体験というのは、人生のうち一度や二度は多くの人に訪れるものだと思いますよ。また生きがいについてですが、Tさんは人はみな生きがいを持っているものだと思っていらっしゃるのかもしれませんね。でもそれは、誰にとっても簡単には答えられないような複雑なテーマなのでは

ないでしょうか。生きがいとは，人生の中で自然に見出すものであり，もしかするとずっと後になって気づくようなものかもしれませんよ〉と答えた。そしてさらに〈人は生きがいを探し続ける存在ですが，それは見つからないものかもしれません。おそらく生きるとはそういうことなのではないでしょうか。Tさん自身の生きがいがどんなものなのか，これからこの場でゆっくり考えていきましょうね〉と促した。Tさんは療法家のこの言葉にある程度は納得したらしく，静かにうなずいた。

A-4 ▶ 療法家の考えを伝える

　Tさんは療法家を理想化しており，すべての問いに答える準備があると想像しているのかもしれない。しかし現実には療法家も人として，様々な事柄に悩んでいるものである。療法家は自分がTさんの質問に直接答えないことで，このような理想化を助長している気がした。そこでTさんの質問に対し，療法家の心に浮かんだ意見や考えを次のように伝えてみた。〈死にたいと感じるほどのつらい体験は，私にもありました。生きがいについても，私自身が，今でもそれを探し求めている最中のような気がします。生きがいというものは，そう簡単に見つかるようなものではないのかもしれません。私もTさんにしっかりと説明できるような生きがいを持っているのかどうか，正直なところよくわからないのです〉と答えた。こうして療法家も人生に迷うひとりの人間であるという現実をTさんと共有しつつ，Tさんの内面的な問題を共に考えていくという姿勢を貫いていくことにした。

考察・コメント

　面接が始まってからしばらくすると，Tさんの質問は次第に簡単に

は答えられないような難しいものに発展していった。私（療法家）はTさんがある種の理想化転移を自分に向けていると感じていたし，そのことを解釈として取り入れたこともあった。しかしそのような私の意見を受け入れつつも，Tさんはためらいながら，時には遠慮しながら質問を続けた。その態度から，Tさんが私の答えを頼りに，何かを必死で摑み取ろうとしていることが感じられた。Tさんの質問を受けながら，私の心には幾度となく自身の体験や考えが浮かんできた。常に自分自身の生き方を問われているような感覚があった。率直になることを求められている気がして，何度か思うままに考えを示したこともある。その都度Tさんは，私の言葉に真剣に耳を傾けた。Tさんは私とのやり取りを通して，新しい自分自身を作り上げているように感じられた。それはこれからの人生をTさんが生きていくために，是非とも必要なプロセスであると思われた。

　実際の面接場面で，私は「死にたい気持ちになったことがある」という事実を，間接的に肯定するような言葉で表現した。その時に抱えていた自身のつらい体験を思い出していた。また生きがいについては，「今はこうして患者さんの話を聴いていくことが生きがいでもある」という極めて正直な思いを吐露していた。このやり取りは後の面接過程にも影響を与え，私はTさんの理想化対象としての役割をある程度引き受け続けることになった。しかし，その私も時には死にたくなるほどつらいのだと察したためか，Tさんは次第に私をリアルな人間として観察するようになったようであった。このことがその後のTさんの変化にどのように貢献したか定かではないが，Tさんは後々「あの時，本当の気持ちを話してくれたことは支えになった」と語っている。

　また私自身はこの体験を通して，次の点を学んだように思う。療法家が患者さんからの問いに答えることへの抵抗は，「自分の考えを患者さんに植え付けていいのだろうか？」という懸念に由来していることが多

いが，それは自分の「答え」に対する買いかぶりというものである。そもそも療法家はそれほど簡単に患者さんの考え方に影響を与えることなど出来ないのだ。患者さんは最終的には自分に一番しっくりする解答を見つけ出していくものである。

Q3 不潔恐怖の患者さんから握手を求められた！

Question

　不潔恐怖の強迫症状を持つ40代の男性Sさんは，いつも2時間かけて入浴してから面接にやってくる。「自分以外の人間は汚い存在だ」と他人を嫌悪し，常に誰かに危害を加えられるのではないかという恐れを抱いている。しかし数年の面接を経て，最近では20代の女性心理療法家に親しみの感情を抱くようになってきた。「先生は心の綺麗な人だ。先生ともっと親しくなりたいんです」と言う。しかし肝心の強迫症状は全く改善されておらず，療法家以外の人間に対する不信感は相変わらず存在していた。ある時，面接の終わり際に，「人生は嫌なことばかりで死んでしまいたい。でも今は先生に会うのだけが楽しみで生きているんです」と語った後，「先生，握手してもらえませんか」と手を伸ばしてきた。療法家は戸惑いを覚えながらも，Sさんと握手した。Sさんは満足そうに帰っていったが，療法家は自分のとった行動が正しいのかどうかを思い悩み始めた。どのような考え方が妥当だろうか？

A

Answer

A-1 ▶ 握手したことを肯定する

　不潔恐怖のSさんの症状の背景には，きっと他者への不信感や迫害不安などがあるのだろう。そのSさんが療法家に信頼感を持ち始

めたことは，治療を進めていくうえで極めて重要なことである。「汚い」と思わないで済む現実の対象に「握手」という身体接触を求めることは，Ｓさんにとって健康な対人交流の第一歩となるかもしれない。ここで握手を拒否すれば，Ｓさんは療法家に拒否されたと感じ，再び心を閉ざしてしまう可能性もある。だからここで療法家がＳさんの握手を受け入れたことは，望ましい対応であったと考えられる。

A-2 ▶ 握手することよりも，気持ちに寄り添うことを選ぶべきだった

　不潔恐怖のＳさんが，療法家に信頼感を持ち始めたことは重要である。しかし大切なのは，その情緒体験について言葉で交流することであり，実際に握手するかどうかは別問題であろう。療法家は〈あなたは私に握手を求めるくらい，私のことを信頼してもよいと感じ始めているようです。これまで他人は皆汚い存在だと言っていたＳさんにとって，それは大切な変化だと感じます。このことについて，もっと話し合ってみませんか？〉と提案するべきであった。もしＳさんが「握手はしてくれないのですか？」と聞いてきたら，〈実際の行為で示すより，私はＳさんの気持ちを受け取ることが大事だと思っています〉と答え，握手はしないほうがよいだろう。それでもＳさんが握手にこだわるようであったら，〈ここは気持ちについて話し合う場なのです〉と根気よく説明を続ける。

A-3 ▶ 握手したことそのものが誤りであった

　Ｓさんは，他者が侵入してくることへの恐怖感を不潔恐怖に置き換えているという意味で，情動をそのものとして体験することができず，

きわめて具体的なレベルでしか扱うことができない人と考えられる。したがって病態は重篤であり，妄想的な傾向を持っている可能性もある。そのようなSさんに「握手」という具体的なレベルで対応することは，Sさんの病理を助長することになりかねない。この後Sさんの欲求が握手にとどまらず次第にエスカレートしていけば，さらなる身体接触を求めてくるかもしれない。そしてそれを拒否すると，最悪の場合には被害的になり，一気に症状が悪化することも考えられる。その意味では決して握手を簡単に考えてはならず，初めから限界設定をしっかりと示すべきである。例えば〈Sさんの気持ちは意味のあるものですが，ここは治療の場なのです。私にはSさんと握手することはできません〉ときっぱり答えることが，Sさんとの治療の境界を明らかにするためにも重要である。

A-4 ▶ やんわりと握手を断るべきであった

　Sさんを傷つけないように配慮しながら，握手することを辞退する。例えば〈Sさんの気持ちはわかるけれど，私は面接ではそういうことはしない方針なのです〉と伝える。Sさんが「どうしてですか？」と尋ねてきたら，〈握手がいいのなら，それ以外の個人的な交流も許されるということになり，そうなると，療法家としての私の役割が曖昧になってしまうからです。そうなれば私はSさんの役に立つことができなくなってしまいます〉と答える。それでもSさんが例えば「でも僕はもっと先生と親しくなりたいのです」と言ってきた場合は，〈私はあくまであなたの療法家であり，治療者です。そして一度そのような立場になれば，もうそれ以外の親しい関係にはなれないのです〉と一貫した姿勢を示すことが大切である。もちろんSさんはそれに納得しない可能性もある。それでも〈あなたとの治療関係を守る

ためには，私があなたのお話を聞くことに徹することが大事なのです。今すぐにはそれを理解できないとしても，いつかはおわかりいただけると思います〉というメッセージを伝え続けることが大切であろう。

―――――――― 考察・コメント ――――――――

　このQは，療法家である私自身に起こった体験をもとにして書いたものだ。私のとった行動はA-1であり，「患者さんの欲求を直接満たそうとした」という意味で，問題をはらんでいたことは確かである。しかしこの時には，Sさんの申し出を断ることで信頼関係が決定的に失われるのではないか，という恐れがあった。さらにはこの機会が，治療を大きく展開させるチャンスになるかもしれない，という期待もあった。Sさんは，私がどこまで真剣に自分と関わってくれるのかを，試しているようにも見えた。不潔恐怖である彼が他者への接触を求めること自体に特別な意味があると考え，紋切り型の限界設定を提示することで，大事なメッセージを受け取り損ねることを危惧した。

　その後，Sさんは時折「握手」を求めるようになり，自分の気持ちを訴えるようになった。「どうせ先生は仕事として僕と会っているだけだ」と不満を述べることもあれば，「先生が毎日そばにいてくれたら治るのに」と依存的な感情を示すこともあった。「先生を信じていいですか？」と真剣に聞いてくることもあった。療法家としての節度を越えて「握手」に応じてくれるかどうかで，信頼できる人物かどうかを推し量っていたと思う。

　「握手」という行為を受け入れるためには，「この人をできる限り抱えていこう」という決意が必要だった。だからこそ，この行為を通して，私の中で吹っ切れたものがあったと感じる。「自分のできることの限界を見極めながら，患者さんのためにベストを尽くそう」という私の決意が彼に伝わったことで，その後の治療はまさに新たな展開を見せ始めた

のだった。
　ただし自戒を込めて言うならば，この患者さんがSさんでなかった場合，全く異なる展開となった可能性もある。一度握手をすることで，急速に患者さんの恋愛転移が進んだり，退行が促進されるという場合もありうる。患者さんと握手をするという行為そのものが問題だというつもりはない。その場で最善と思ったならば，よほどのアクティング・アウトは別として，そこでの治療者の行動は，それなりの意味を持っていると考えるべきだろう。しかしその後の患者さんの様子や治療の展開次第では，療法家は柔軟性を発揮して自らの方針を変更することも必要なのである。

Q4 終了間際に「最後に1つだけ，どうしても…」と言われたら？

　ある心理療法家が30代前半の女性患者Gさんと毎週の面接をするようになって2年が経過していた。Gさんは強迫傾向が目立つ人で，すべてを面接中に話しきらないと安心感を保てないといったところがあった。そのため療法家はしばしば面接時間を5分，時には10分も延長せざるを得ないということがあった。面接時間をきちんと守ることは治療の安定性を保つことにもつながり，それこそが最終的には患者さんに益するところとなるというのが心理療法の基本とされている。その治療原則を貫くために面接時間を厳密にしようとすると，面接の終了後に「Gさんがどうしても1つだけ先生に聞いてもらいたいことがあると外でお待ちです」と受付担当者から何度も電話があったり，Gさんが待合室でしんどそうに横たわっていて，もう一度話を療法家に聞いてもらうために待っていることもしばしばだった。かといって，柔軟に対応しようとしていくらか長めに話を聞こうとすると，時には10分も延長せざるを得なくなってしまい，結局のところ1回のセッションを時間通りに終えることをめぐって，療法家はGさんに対してかなりの苛立ちを覚えてしまうという状況が続いていた。

　このような関わりの中，あるセッションの終了間際にGさんからいつものように次の言葉が投げかけられたのだった。「最後に1つだけ，どうしても聞いてもらいたい大切なことがあるのですが」と。さて，あなたならどうするだろうか？

A　Answer

A-1 ▶ 時間という枠組みを守ることの大切さを療法家が態度で示す

〈もう丁度時間になりました。十分にお話をお聞きするには時間がありませんので，必要がありましたらまたの機会にでも伺わせていただければと思います〉と言い，治療の枠組みを重視しそれを守ろうとする療法家の意図を暗に伝えてみる。こうした対応は療法家がまず思い浮かべるべきものだろう。しかし現実の治療場面でこのような対応をとることが非常に難しく感じられる場合には，療法家が患者さんに対する逆転移に相当に影響されている可能性があり，そのことの検討が必要となるだろう。療法家が治療構造をしっかりと守り，そこに防衛的なニュアンスが少ないならば，その安定感は患者さんにもおのずと波及するものである。〈もう時間になりました〉と治療設定に関する現実を伝えることは必ずしも療法家の冷たい態度ということにはならない。

A-2 ▶ 患者さんが構造を逸脱しようとしている点について解釈を行う

〈面接時間がないとあなたはわかっているはずなのに，最後になっていつも大切なことについてお話をしようとされるのは，ここでの面接が終わる度に私とのつながりが切れるのではないかと不安に思っているからかもしれませんね。そのようにあなたは大切な人とのつながりが切れるのではないかという不安を，これまでにも度々感じてこら

れたのではないでしょうか〉と伝えてみる。これは転移的理解につながる可能性があるという点では心理療法的な取り扱いのひとつのプロトタイプと言えるだろう。ただしこのやりとりをその場で行うと、療法家のほうから時間超過を促してしまうおそれがある。

A-3 ▶ 患者さんの相談には引き続き応じる用意があるということだけでも伝えてみる

〈もう今日は時間がありませんが、大切なことのようですし、ずいぶん切羽詰まっていらっしゃるようですから、要点だけお伺いしておきましょうか。必要がありましたら、詳しくは次回もしくはそれ以降にということでお願い致します〉と伝え、少しだけ相談に応じてみる。この場合は、患者さんの申し出に対して最小限の譲歩を試みているということになるだろうか。また、引き続き相談に応じる用意が療法家のほうにあるということぐらいはそれなりに伝わるかもしれない。そのうえで話の内容が緊急性を要しないものであることが判明したならば、それは次回以降に治療的に扱うべきテーマとなる。

A-4 ▶ 療法家にとって可能な現実的対応を考えてみる

〈残念ですが、まとまったお話をお聞きするには時間が足りませんね。どうしてもということでしたら、今日の17時過ぎならお電話で少しだけお伺いすることは可能ですが〉と伝え、それを実践してみる。あるいは、〈すみません。お聞きするには時間がありませんので、大切なことでしたらオフィスのほうにメールを送っていただくか留守番電話にメッセージを入れていただくというのはいかがでしょうか？〉と伝えてみる。これらは変則的ではあるし、そんなことでは心理療法

家はつとまらないという声が聞こえてきそうな気もするが，場合によってはそのような療法家の柔軟な姿勢が思わぬ成果をもたらすことがあるだろう。

A-5 ▶ 治療の展開にとって重要な局面かもしれないと判断し，相談に応じてみる

〈そうですね，もう時間がないのですが，どういったことでしょうか？〉と，実質的に時間がないことは伝えたうえで，とりあえず相談のタイミングを逃さないようにする。心理療法の実践において，治療の転機となる重要なセッションはそれほど多いとは言えない。一見特に実りあるやりとりが少ないような面接が日常的に繰り返されていくなかにこそ，時々訪れるやりとりの密な面接が生きてくる。治療の流れの中で一度逃してしまうとなかなか巡ってはこないようなやりとりも存在するものである。そこをキャッチできるかどうかは療法家の腕の見せ所だろう。理論的にはそのようなやりとりが起こっている瞬間は，間主観性理論で言うところの「出会いのモーメント」ということになるだろうか。

考察・コメント

このQは心理療法家のもつ悩みのうち最も頻繁に聞かれるもののひとつだろう。心理的な取り扱いを試みるのであればA-2のようにしたいところだが，面接時間の終了が迫っているために実際にはA-1のように対応することが多いと思われる。その際，例えば〈相談に応じないことで患者さんとの治療関係が壊れるのではないか？〉などと療法家のほうが過度に不安を感じているとすれば，それは療法家の逆転移を反映していることになろう。そして実際に終了間際に患者さんの相談に応じ

てしまうことは，「逆転移の行動化（ないしエナクトメント）」ということになる。

　A-3以降の選択肢は，若干異なる視点に立ったものと言える。A-3は療法家の柔軟な態度を患者さんに示すという意味では，効果があるだろう。A-4は現実的な対応であり応用編といったところだが，これも療法家の柔軟さの表れと言える。A-1をまず選択するという立場からは，A-5のような対応などはもってのほか，ということになりかねないが，A-5の項目の中でも述べたように，治療の転機をつかむかどうかは療法家の嗅覚のようなものによるところが大きい。療法家が理論よりも臨床的な現実を重んじるならば，このような対応の可能性も視野に入れておきたいものである。ただし，A-5のように対応してみても，特にインパクトが高くはない普段通りの話が繰り返されるという可能性のほうが高いのだろう。患者さんから持ち込まれた話の内容がとりわけ重たいものであれば，時間を超過してしまうことも時にはやむを得ないだろうが，このケースの特徴として，終了間際になるとそれに反応して「最後にもう1つだけ，どうしても……」となってしまう傾向にあるからだ。

　またこれらの対応の際，十分に話し合うには時間が足りないことを療法家が謝罪するかしないかは，療法家の治療スタンスによって分かれるところだろう。

　この症例のモデルとなったいくつかのケースでは以下のようなことがあった。「今日，先生に聞きたいこと」というタイトルとともに小さな文字がびっしりと敷き詰められたメモに沿って，1つも逃さずにそれらを尋ねようとし続ける患者さんや，どうしても尋ねたいことがある場合には，面接終了後にヒステリー発作のようなものとともに倒れて待合室で横になっているという患者さんなどである。次の患者さんとの面接予約時間が迫っている場合には，こうしたことが繰り返されると療法家と

しては心の余裕がなくなってしまうものである。実際に，時間を超過してしまうことがあまりに繰り返される患者さんとの面接時間をその日の一番最後に変更してもらったところ，5〜10分の時間超過のプレッシャーが軽減したこともある。偉い先生からはお叱りを受けそうな対応ではあるのだが。

Q5

引きこもりなのに「第二のイチロー」になる夢ばかり語られたら？

　Cくんは10代の少年。中学入学後，腹痛を訴えて不登校になった。小さい頃より周りの子と馴染めず，学習面でも遅れが見られた。そのため学校ではからかいの対象となり，Cくんは言い返すこともできず黙り込んでしまうのだった。母親に連れられ相談にやってきたCくんは見た目も幼く，心理テストの結果からは何らかの発達障害も疑われた。Cくんを担当することになった女性心理療法家は，ノン・バーバルなやりとりもできるようにとプレイセラピーを設定した。引っ込み思案だったCくんは，少なくとも療法家の前では野球バットを振り回す勇ましい姿を見せるようになった。

　こうして2年が過ぎた頃，Cくんは突然「実は将来イチローみたいなメジャーリーガーになりたいんだ」と療法家に告白した。あまりに現実離れした将来像に療法家は唖然。いったい何を考えているんだ……。しかし療法家のそうした思いをよそに，Cくんは「弱い者に夢を与えたい」と自己愛的な理想を掲げた。その一方で，「自分は価値のない人間に思える。学校でもみんなに馬鹿にされているような気がするんだ……」とももらし，そういう非力な自分を消し去るため，また馬鹿にしてきた人を見返すために，一発逆転を狙っているかのように思えた。

　中学卒業後，家に引きこもったCくんは，あいかわらず「第二のイチロー」になることを夢見ていた。その夢を叶えるため，アルバイトでお金を貯めて渡米し，現地での入団試験を受けるという計画を口にした

こともあった。しかし一向にアルバイトを始める気配はなく，就労支援も「サポートされるのは惨めだからね」と応じなかった。何の進展も見られないままさらに数年が経とうとしていたが，Cくんは「俺はイチローを超える！」と現実感のない夢を語るばかりで，療法家も途方に暮れていた。

A

Answer

A-1 ▶ 転移の文脈で解釈する

「メジャーリーガーになりたい」と肥大化した自己像を持つようになった背景には，これまで馬鹿にされて惨めな思いをし続けてきたCくんの不安や怒り，無力感が根底にあるだろう。そして，心理療法の場においても，療法家のサポートを受けているという現実に葛藤を感じているのかもしれない。療法家は，こうした言葉にならないCくんの情緒体験に焦点を当て，〈ここでも私に馬鹿にされているんじゃないかと心配なのかもしれないね。だから自分の弱みは見せたくないし，イチローを超える！と背伸びしているんじゃないのかな？〉と伝えてみる。療法家との関係性を取り上げることで，深層にある葛藤や対人関係のあり方に対する洞察を促す。

A-2 ▶ 患者さんのポジティブな面を言葉で返していく

Cくんのコンプレックスは根深く，極端に自己評価が低い。「弱い者に夢を与えたい」という願望は，弱い存在である自分自身を補償するための自己救済の動きと受け取れるだろう。Cくんには健康な自己

愛が育まれておらず，自分の存在を価値あるものと捉え直すためにも，すぐれたところをしっかり言葉にして伝えてもらう体験が必要である。療法家は〈一途だね〉〈正義感があるよね〉などポジティブな面を見出し評価していくことで，Cくんが肯定的な自己イメージを持てるよう支援していく。

A-3 ファンタジーを深める

【その1】 ひたすらファンタジーに付き合う

Cくんは今の自分のありようを受け入れられずに苦しんでいるため，現実を突きつけようとすれば，かえってファンタジーの世界へと固執してしまう。こうした逆説の理解をもとに，療法家は現実に引き戻すような働きかけは一切せずに，どんなプレーヤーになりたいのか，どんな夢を与えたいのか……など積極的に話を聴いていき，Cくんのイメージを膨らませるよう努める。

【その2】 ファンタジーの中で現実との接点を見出す

Cくんが立てた「アルバイトでお金を貯めて渡米し入団試験を受ける」という計画に沿いながら，実行に移すための綿密なプランを立ててみる。例えば，渡航費用を計算してみたり，入団試験の受験種目などを調べて情報を集めていく。そうした作業を通して，今やれること，やるべきことを整理しながら，Cくんが現実との接点を持てるように働きかける。

A-4 実行に移すよう療法家の率直な思いを伝える

実際に「メジャーリーガーになりたい」というCくんの夢には無

理があり，アルバイト探しでさえ動けていないという現状がある。療法家はCくんの気持ちを受け止めつつも，〈Cくんの言っていることは夢のようだね〉などと投げかけてみて，現実には叶えられないことを遠回しに伝える。あるいは，大口を叩いてばかりで行動を起こさない状態について，〈すごいことを考えているんだから，それを形にしてみようよ〉と励ましたり，〈進歩しているところを示していかないと，ここで話していることが無意味になるし，やっていることが認められないかもしれない〉とハッパをかけてみる。

A-5 ▶ 精神的な支えとして現状を維持する

引っ込み思案だったCくんが，プレイルームの中で生き生きと振る舞い，自分の考えをはっきりと口にすることができるようになったのは，安心して自分を表現できる場としてセラピーが機能しているということである。療法家は現実に直面させようという働きかけを断念し，これまで通りCくんの心理的な成長を見守りながら，現状維持に努める。いずれ何らかの現実の壁（例えば，家族の不幸や療法家の転職など）にぶつかったときに，Cくんがどのように現実との折り合いをつけていくかが課題となるだろう。

A-6 ▶ 面接の内容や構造を変えてみる

【その1】 面接構造を変える

例えば，外出や人と接する機会の少ないCくんをプレイルームから連れ出し，公園を散歩しながら話をしたり，一緒に就労支援のグループ活動に参加してみる。非日常的な心理療法の場から離れ，現実世界との接点を持つことで，Cくんの非現実的な考えにも変化が起こる

かもしれない。

【その2】 面接技法を変える

発達障害による偏りや社会経験の乏しさをカバーするため，SST（social skills training）などの療育的な支援を行ってみる。また，家族の協力を得ながら，現実世界の中で行動療法的に実践させていくことも，Cくんの自信や達成感につながるだろう。

【その3】 他機関につなげる

Cくんの状態をよりよく理解するために，医療機関にて必要な検査・診断を経て，治療を受ける。場合によっては，薬物治療が奏効するかもしれない。また，療育機関を利用して，Cくんの特性に合った療育プログラムを組み，地域の中で支援を受けることもできるだろう。

考察・コメント

「メジャーリーガーになりたい」というCくんの願いは，生まれ変わろうとする動きであり，力であり，支えでもあるのだから……と思い，最初のうちは療法家である私のほうからもCくんがどんなプレーヤーを目指しているのかについて，積極的に話を聴いていった。しかし，何年たっても「俺はイチローを超える！」と現実感のない夢を繰り返すだけで，Cくんは一向に動こうとはしない。私は次第に，「本当にこのまま地に足のつかない話ばかりしていていいのだろうか……」と焦りを感じるようになり，A-3〈その1〉の「ファンタジーに付き合う」ことに躊躇するようになった。そうかといって，Cくんの夢を無下にすることもできない。夢をつぶせば，Cくんは支えを失い，唯一の心の拠り所をなくしてしまうだろう。そうした傷つきは，これまでCくんが味わってきた非力で惨めな自分を再確認するだけの体験になる危険性が

ある。私の中には，A-4の「率直な思いを伝える」ことにもためらいがあり，八方塞がりのような気分になっていた。

　さらに困ったことに，Cくんの自己愛的な言動は年々エスカレートしていき，私のほうも心穏やかに話を聴けなくなっていた。口ばっかりで何にもしないじゃないか……と，正直付き合いきれない思いだった。そんななか，苦肉の策でとった介入が，A-3〈その2〉の「ファンタジーの中で現実との接点を見出す」である。私はCくんと共に渡航費用を見積もり，必要なアルバイト時間を計算してみせた。すると，その現実からすり抜けるように，Cくんは「小説を投稿して優勝すれば100万円というのがあったなー」とさらに飛躍してしまい，再び茫然……。しかしこれに懲りず，今度は入団試験の情報を入手し，Cくんに見せてみた。受験種目や合格のポイントなどが紹介されており，これにはCくんも目を輝かせた。私には厳しい現実を少しでもわかってくれればという思惑があったが，一通り目を通したCくんは「何とかなりそうだな」とかなり楽観的に受け取り，拍子抜けしたのだった。

　またもやダメか……とがっかりするなか，次の面接に現れたCくんは「受験種目にあった遠投をやってみた」と報告してきた。最低ラインには程遠く「意外に大変」とぼやくが，「少しずつ慣らしていきたい」と諦める様子もない。私はCくんの執念にビックリして，もう心ゆくまでやるしかないのだろうと観念した気持ちになった。良く言えば，療法家側のアクティング・インが功を奏し（?），口だけのCくんが実際に動くきっかけになったとも考えられるのではないか……?　療法家はただただCくんのファンタジーに付き合い，その中で現実との接点を見出すのを待つことしかできないのかもしれない。

よくなってきましたね

安定してきましたね

はぁ、おかげさまで…

主治医の先生はよくなってきたって言ってくれるんですけど

自分としては最近おもしろいと思えることなくて

前は何かあったんですか？

TV見るのが好きだったんです

どんな番組見てたんですか？ドラマとか？

えー次のニュースは…

いえ、ニュース見るのが好きで

へー、めずらしいですね

そうですか？いつも自分のこと言ってくれるからおもしろくて

！

それが最近言ってくれなくなったんです

プレゼント

先生のおかげでとても楽になりました

お役に立ててよかったです

今日は最後なのでお礼にプレゼント持ってきたんです 私も少しでもお役に立てたらと思って

それはお気遣いいただいて…

がさゴソ

どうもありがとうございます

先生もお疲れのようなので…

セルフ
ヒーリング
BOOK
心と体を癒す本

うーむ♪

これをプレゼントされてる私って…?

え〜，そんなぁ…

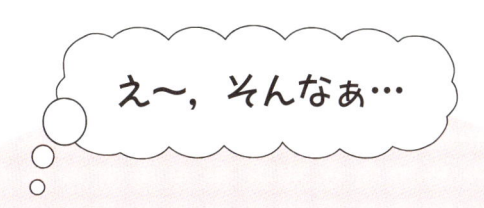

不満を言われたときの
Q & A

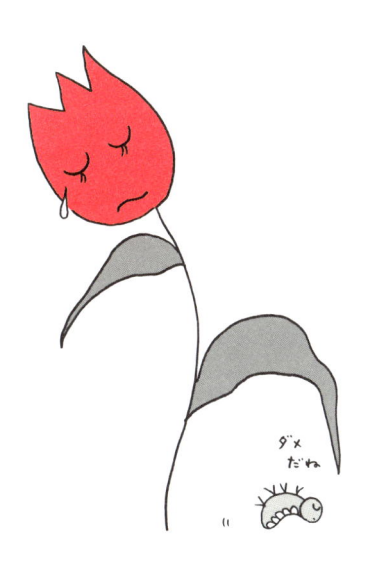

Q6

Question

「話すことはない」と患者さんがだんまりを決め込んだら？

　Bさんは20代の女性である。中学の頃より不登校となり，親の意向で高校・短大に進学したが，1日も登校できず，家に引きこもった状態になっていた。結局，短大を中退することになったBさんは，母親に引きずられるようにして心理療法にやってきた。これまで困っているときには何らかの打開策を示してくれた両親も，今回ばかりは行き詰まったようだった。心理療法に通い始めたものの，Bさんは自分がどうしたいのかもわからないといった様子で，沈黙が続き，次第に「話すことがない」と面接をキャンセルするようになった。こうしたBさんとの面接は療法家が励ますことで細々とつながっているという感じだった。

　その後，Bさんは「ここに来ても進歩しない」と嘆き，「心理療法は無意味だ！」と不満をぶつけるようになった。療法家が何を聞いても，Bさんは「別に一」と気のない返事しかせず，投げやりな態度を見せるばかりだった。さらにBさんは，面接では「私から話すことはありません」とだんまりを決め込みながら，帰宅して母親に電話をかけさせて，「相談したいことがあったのにその話を振ってくれなかった。話ができないならやめてやる！」と療法家を脅してくるようになった。無理難題を押し付けられた療法家は，もういい加減にしてほしい……と嫌気がさすのだった。

Answer

A-1 ▶ 転移解釈をする

　Bさんの主張の裏には，「療法家は自分の悩みをわかって当然だし，聞かれたことに答えていれば，悩みは療法家が解決してくれる」といった思いが見え隠れしており，Bさんのそういった思いに応えようとし続けてきた両親との関係が療法家との間でも再現されていたものという考えが成り立つ。療法家はこうした転移的理解に基づいて，〈いつもBさんが困ったときには，ご両親が手を差し伸べてくれましたね。今ここでBさんは私に，「自分から話すことはないから，困っていることは療法家が気づいて話してくるべきだ。療法家のほうから手を差し伸べるべきだ」とおっしゃっているように聞こえるのですが，ご両親に求めていることと同じようですね〉と伝えてみる。このように，療法家-患者関係を材料にして転移解釈をしていき，Bさんの自己理解を促す。

A-2 ▶ 患者さんの持っている力のポジティブな面を評価する

　療法家はBさんの気持ちを受け止めつつも，必要以上に退行を助長しないように心がける。例えば，〈自分の困っていることを話すというのは，しんどいことかもしれませんね。でも，私にはBさんが自分でできそうなことまでもできないと言っているように思えるのです。せっかくやれる可能性があるのに，その力を出し惜しみするのはもったいない気もします。自分でできそうなことはやってみるという

ことが，Bさんの課題ではないでしょうか？〉と伝えてみる。このような介入により，Bさんが直面している「親からの自立」というテーマを明確にしつつ，そのプロセスが展開するよう働きかける。

A-3 ▶ 内的葛藤を抱えられるように働きかける

　これまでBさんは，徹底した受け身的・依存的な構えで周囲を動かすことで，自らの不安や葛藤を解消してきた。療法家は，こうしたBさんの自我親和的な対人行動パターンに揺さぶりをかけるため，「今ここで」起きている葛藤状況を，Bさん自身に気づかせ，いずれは内的に抱えられるように働きかけていく。例えば，〈何を話せばいいのかわからず，自信のないことを押し付けられたようで，つらいのかもしれませんね〉と，Bさんが感じていると思われる不満についての療法家の理解を伝える一方では，〈困りましたね……〉〈どうしたものでしょうね……〉などと言いつつ，療法家がBさんの課題を代行してしまわないように心がけ，Bさんが自ら動き出すのをサポートする。

A-4 ▶ 療法家の限界を伝えてみる

　Bさんが抱いていると思われる「療法家は自分の困っていることを汲み取って，それを解消してくれるべきだ」という願いは，現実的には叶えることができないものだろう。療法家はBさんの願望を明確にしつつ，〈Bさんの悩みに対しての解決法が本当にわかるのならお伝えしたいところですが，正直なところ，私には言い当てる自信がないのです〉と療法家の限界を伝えてみる。そして，〈それはこの面接などを通じてBさん自身が見出していくべきことのように思います〉

と，治療が共同作業の場であることを再認識してもらう。

---------- 考察・コメント ----------

「話すことはない」と沈黙しながら，「話ができないならやめてやる」と逆ギレするBさんの態度に，当初私（療法家）はオロオロしたりイライラしたりと，かなり振り回された。上記の介入は，一通り私が試したものであるが，基本的なスタンスとして，A-3の「Bさんの課題を療法家が代行してしまわないように心がける」というのは一貫していたように思う。しかし，こうした介入だけでは限界もあった。Bさんは不満を膨らませ，とうとうよその相談機関にかかり，「あそこの療法家はいろいろ聴いてくれて話ができた」と報告してきたのである。このBさんの行動化によって，私は別の対処法を考えざるを得なくなった。

そこで登場したのが，A-4の「療法家の限界を伝えてみる」という介入である。私は率直に自分のできること，できないことを伝えてみた。その言葉にBさんも一時的に納得したかのように見えたのだが，次の面接では「私から話すことはありません」と同じことが繰り返され，堂々巡りとなった。もしかすると，Bさん自身も混乱しており，そうかといってどうすることもできず，引くに引けない状態だったのかもしれない。

私のほうも途方に暮れていた。我慢の限界でもあった。こうして行き詰まっていた時期に，ちょうどこの症例をある先生に見ていただく機会があり，次のようにアドバイスされたのである。「怒りを受容するだけではなく，本人の持っている力を評価してあげるといいのでは」と。これが，A-2の介入を思いついたきっかけだった。

こうして治療が停滞したまま半年ほど過ぎたある面接で，いつものようにだんまりを決め込んだBさんへ，〈いつも自分から話すことはないと言って，私が話し出すのを待っていますよね。私にはBさんが自分

でできそうなこともできないと言っているように見えるんだけど……〉と投げかけてみた。「評価する」と言いつつ，Bさんにとっては挑発的な言葉にも受け取れたかもしれない。しかし予想に反して，それまで喧嘩腰だったBさんの態度は収まり，「自分が動かなくても誰かがやってくれるというか……」とつぶやいたのだった。そこで，私はA-1の転移解釈を伝える機会にも恵まれたのである。

　振り返ってみると，この面接はひとつの転機だった。思春期・青年期の発達課題に立ち向かうBさんにとって，気持ちに寄り添うという関わりだけでは物足りなかったのだろう。前述した直球の介入を乗り切れたのはひとえにBさんの力なのだが，療法家は時にこうした患者さんの力を信じてみてもいいのかもしれない。

Q7 「面接の終結が不満だ。確かに最初の目標は達成したけれど…」と言われたら？

　Aさんは30代男性で，主治医からうつ病と診断されていた。「うつの症状のために仕事を休みがちになっている。このままでは解雇されてしまうのではないかと不安なので何とかしたい」ということで心理療法を希望した。担当した女性心理療法家が勤めるクリニックは，心理療法を求める患者さんが多いため，提供される心理療法の多くは，期間は6カ月という契約で行われていた。療法家は限られた時間の枠と，Aさんの主訴を考慮して，うつ症状に対するサイコエデュケーションを中心とした認知行動療法的介入を試みることにした。期間については1回50分，毎週で6カ月間やってみていったん終了し，成果を確認することとした。Aさんはメモを取りつつそれらの説明をしっかりと聞いた後，この契約を了解した。

　その後の心理療法でもAさんはたくさんの質問をしながら熱心に療法家の話を聞き，また宿題にも精力的に取り組んだ。そのためうつ症状はほどなく緩和され，出勤も安定してきた。またうつを呼び込むような過労を避けるため，Aさんの完璧主義の傾向を修正し，行動レベルでの生活管理もうまくできるようになっていった。心理療法終結の時点ではうつによる欠勤はなくなっていた。最終セッションで，Aさんは「確かにうつによって生活を振り回されることはなくなった。でもまだ完全によくなったかどうかわからないから面接を終わるのが不安だ」と発言した。そこで療法家は2カ月後に心理療法の効果が持続して実生活に着実

に応用されているかどうかを確認する「ブースターセッション」を一度持つことを約束した。

2カ月後に現れたAさんは（うつ症状は落ち着いていたが）非常に不機嫌だった。そして「心理療法をあの時点で打ち切られたのはとても心外だった。先生には自分の問題の一部しか話していない。だから先生は自分のことをよく理解していない！」とAさんは抗議した。療法家はどうしたらいいのだろうか？

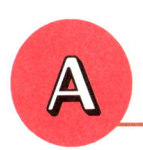

A Answer

A-1 ▶ 洞察的心理療法を導入する

療法家は，まだ広い意味での治療が継続しているものとしてこのケースを捉えた。認知行動療法的アプローチとしては一定の成果を挙げたが，それのみでは扱いきれない問題があったということだろう。Aさんが示す療法家への怒りについては，転移的に理解することができるであろうし，そこを取り上げていなかったことが患者さんの不満につながったと療法家は考えた。そして以下のいずれかの方針をとることとなった。

【その1】 転移の表れと見る

インテークの情報によると，Aさんの母親は非常に過干渉で厳しい人であり，幼少期からAさんは母親の意向を気にして常にびくびくしていた。母親はそんなAさんの気持ちを細やかに汲み取ることもなく，成績などにもうるさかったようだ。しかし，Aさんは高校卒業後の進路の決定に際し，初めて母親の意向に背いて自分の意志を貫いた。そ

して自ら選択した就職先で社会人として働き始めた矢先，うつに襲われたのだった。そういうAさんの生育歴を考えると，セッション中のAさんは過干渉で厳しい母親に従うように療法家の指示に従順であったようにも思われた。熱心に宿題をこなしたり，自ら積極的に調べたりして次々に認知行動療法をマスターしていったのも，療法家に叱られないように，また見捨てられないようにと必死だったのかもしれない。とすれば症状の改善も，一種の転移性の治癒だったのかもしれない。そして従順に母親の言うとおりにしてきたAさんが，進路決定で母親に楯突いたときのように，療法家に対しても心理療法の打ち切りの方針に異議を唱えてきたとも考えられる。しかし，自分の意志を貫いて就職しながら，結局うまくいかなかったという。そしてここでも「先生には自分の問題の一部しか話していない。だから先生は自分のことをよく理解していない！」としてきたわけだが，これは転移的な反復と言えるだろう。

　こうしたことをふまえ，例えば〈Aさんには，私がAさんの様々な気持ちをちっとも理解しようとせず，表面的な成果だけを期待しているように感じられたのかもしれませんね。もしかすると同じようなお気持ちを厳しかったお母様との間でも感じてこられたのではないでしょうか？〉と尋ねてみた。このように，Aさんと療法家の間に起こっていることを通じて，納得のいかないものを押し付けられてきた怒りや，異議を表明することに対する不安，罪悪感などについて自己理解を深めていくことに意味がありそうだということを共有し，洞察的な心理療法を提案し，再契約することにした。

【その2】　分離不安の側面を捉える

　療法家はここで患者さんの分離不安を捉えた。そのきっかけは，実は療法家自身が治療を終えたことによる心の中の寂しさ，名残惜しさ

に気がついたからである。久しぶりにＡさんの姿を見た療法家は，彼とのセッションのいくつかの印象深いシーンを思い出し，結構毎回を楽しみにしているところがあったことを自覚した。そしてＡさんのほうでも同様に治療を名残惜しいものと感じている可能性があるのではないかと思い至った。ただ厳格な両親のもとに育ったＡさんは，両親への依存心を表明することはいけないこと，恥ずかしいことだと考える傾向にあった。Ａさんが療法家に怒りを表明したのも，自らの中にある依存心に対する反動形成である可能性が考えられた。そこで療法家は次のような言葉をＡさんに向かって投げかけた。〈確かに前回の治療の終わり方はそっけなくて，味気ないものだったかもしれませんね。単に治療の契約が済んだから，ハイ，サヨナラ，という感じだったでしょう〉。このように対応することで，Ａさんの反応を見ながら，場合によっては新たな心理療法の契約を結ぶことを考えた。

A-2 ▶ 認知的側面に焦点を当てる

　療法家は，Ａさんの反応はあくまでも認知的アプローチのやり残し，と考えた。Ａさんの訴え，怒りの背景には「療法家は自分のすべてを理解するべきだ」あるいは「心理療法では自分の問題のすべてを解決するべきだ」という信念があるのかもしれない。今感じている怒り，あるいは不快感はどのような信念から生じているのか，このような信念が果たして客観的であるのか，より合理的な他の信念はないのかなどを一緒に検討してみる必要がある。結局はこのような認知的な側面についても扱う必要があったのだ。そこで療法家はＡさんにその考えを伝えた。そうして例えば「療法家に自分のことをよくわかってもらうに越したことはない。でもだからといって，療法家が自分のすべてを理解する必要はないし，他人である以上はすべてを理解するという

ことはありえない」や「前回の心理療法である程度の成果を得たと感じられた。しかし心理療法ですべての問題を解決してしまおうというのは非現実的である」などのより合理的な信念に置き換えられることが必要であり，そのためのセッションが補足的に必要であると思う，という考えを伝えた。Ａさんは改めて数セッション行うことを了解した。療法家はＡさんが持つ「０か100か」の認知パターンに焦点化した介入を行い，それについての洞察が得られることでＡさんの不満もある程度は解消することを期待した。

A-3 ▶ 患者さんの不満に対して支持的に介入する

　療法家はＡさんの不満の表明を，あくまでもブースターセッション内で起きたこととして収めることにした。この種の不満を聞くことも，ブースターセッションを設けた際に想定内だったのだ。心理療法の契約は終了しているし，その構造をここで改めて変える必要はなく，Ａさんもそれを承知の上で不満を述べているのだろう。これ以上内的な問題に触れたり，退行させたりしないほうがいいだろう，と考えたのである。そこでＡさんの訴えた行為そのもののポジティブな面を評価してブースターセッションを終えることにした。〈Ａさんは私の提案に従って一生懸命治療に専念なさいましたが，いざ終わってみると自分がやりたかったことはそのようなことではなかったのではないか，という疑いの気持ちが湧いてきたということでしょうね。今回はそのような不満に気がつくことができて，しかもこのようにしっかりと私に伝えてくださったことはすばらしいことだと思いますよ〉とＡさんに生じやすい気持ちを丁寧に明確化しながら，療法家は心理療法を終了することにした。

------ 考察・コメント ------

　このQは一見すると地味かもしれないが、様々な示唆に富んでいる。いろいろな考え方が成り立ち、もちろんどれかが正解というわけではないが、療法家の思考過程を患者さんと共有することはそれだけで治療的な側面を持つだろう。そもそも短期療法や期間を制限した心理療法ではその限られた時間の中で扱えることは限られている。このケースではその見極めを行って治療目標（「うつ症状の緩和」）を設定し、心理療法自体も十分に効果を挙げたと思えた。Aさんが、その目標を達成したことは認めつつ不満を表明したということは、むしろそこである種の意味ある治療関係が成立したことを意味するものとポジティブに捉えていいのであろう。洞察的オリエンテーションでは療法家-患者間で生じるこうした感情体験こそ取り上げるべき大切な素材であり、症状化せずに治療構造の中で不満を言語化して療法家に伝えていることを治療の進展と捉えるのであろう。一方、認知行動療法を含む症状対処に目を配った心理療法では、ブースターセッションでの今回のようなAさんの不満を契約外のこととして扱わないか、あるいは新たな問題として再契約をすることになる。理論、技法にとらわれず、折衷的なスタンスで患者さんと会う場合、今セッションで何が起こっているかを理解する枠組みが揺らぎ、一貫性のない出たとこ勝負の見通しの利かない心理療法となってしまう危険がありうる。

　実際にはこのケースでは洞察的な心理療法に移行したのであるが、このような決断に踏み切る際に私（療法家）の中には「患者さんの言動に振り回されているのではないか」などの疑問や不安が一瞬頭をもたげた。そのためにも、新たな心理療法の目的や方法について、これまでの心理療法との違いなどを明確にしたうえで、再契約するというプロセスが重要であったように思う。

Q8

「こんなにひどい扱いをされたことはありません。やっぱり前の先生のところに戻ることにします!」と言われたら?

　20歳女性のHさんは境界性パーソナリティ障害（borderline personality disorder, 以下ボーダーライン）と診断されており, 精神科病院へ数回入院したことがあった。退院後はある女性心理療法家Aの知り合いの男性心理療法家B先生がHさんの心理療法を担当していた。ある時, そのB先生から療法家Aに電話があった。「Hさんという患者さんが面接担当者の交代を希望されていて,『女性の心理士さんがいい』と言われているんですよ。そこでA先生を紹介させてもらおうと考えてみたのだけれど」。Hさんの主治医もその希望を受け入れているという。療法家AはHさんに会うことを承諾し, 初回面接の日時についてはB先生を介してHさんに伝えた。電話での情報では, Hさんは以前ほどの密度の濃い心理療法を必要とはしておらず, 入院も必要ないぐらいの状況であり, 支持的な関わりが良いでしょうとのアドバイスだった。

　その10日後に療法家Aの面接室にやって来たHさんは, かなり穏やかな表情で, 物腰もやわらかだった。それまで担当だったB先生は一向に助言をしてくれず,〈あなたが思うことを自由に話してください〉と繰り返されるばかりで, 最近は面接そのものがしんどくなっていたとのことだった。そしてさらに聞くと, HさんはB先生のことが好きでつらい, という気持ちを持っていることが明らかになった。そして3回ほど面接をした結果, Hさんは週に1回の心理療法を療法家Aと実施す

ることに同意した。また，初対面の折にHさんが，「ヘルパーの仕事をしたいと思います」と言ったことに対し，療法家Aは〈うまくいくといいですね〉とHさんをささやかながら応援するような気持ちで言った。しかしこの一見何気ないような発言がHさんとの治療関係の溝を深めていくこととなった。

　正式に面接が始まって最初の3回は，HさんはB先生への怒りを語ることが多かった。しかし4回目には「B先生は理想的な治療者であり，それに比べてA先生は信用できない」と，一転して療法家Aのことを価値下げするようになった。そして次のように言った。

　「実はこれまで思っていて言えなかったんですけれど，A先生にヘルパーの仕事をするように勧められてその言葉通りにやってみたら，とにかくこきつかわれてきつい言葉を浴びせられてばかりです。A先生のおかげでとんでもないことになりました。B先生はA先生のように安易に何かを勧めたりはしませんでした。どうしてくれるんですか。A先生に強制的にヘルパーの仕事をするように勧められたからこんなことになったんです」と。そして次のように怒りをあらわにした。

　「こんなにひどい扱いをされたことはありません。やっぱり前の先生のところに戻ることにします！」。さて療法家であるあなたなら，このような時どうするだろうか？

Answer

A-1 ▶ 怒りは患者さんの深層にある葛藤に由来するものとして捉えていく

　状況において理解できる範囲を超えて患者さんが強く怒りを表現する場合，そこには患者さんにとっての中核的な葛藤が姿や形を変えて浮き彫りになっていることが多いだろう。患者さんは目の前の療法家だけでなく，他の重要な人物との関係，例えば両親，恋人や友人とも同様の悪循環のパターンを繰り返してきた可能性がある。つまり，患者さんがそうした怒りを表現してきた時はそれらを取り扱うチャンスとも言えるのだ。そこで例えば次のような介入が考えられるだろう。〈あなたが今ここで感じているような怒りを他の人に対して，もしくは別の状況でも感じることはありませんか？〉。そしてこうした介入が奏効すれば次のような展開が待っていることだろう。それは，患者さんが自分の怒りをめぐって深層にある葛藤に目を向け，療法家も含めた患者さんにとっての重要人物との体験に連想が及ぶということである。

A-2 ▶ 怒りを「患者-療法家」の間で生じたものとして捉えていく

　患者さんの立場に身を置いて考えてみることは療法家に必要とされる基本的態度のひとつと言えるだろう。患者さんが発している言葉を率直に受け止めてみることから始めていくのもひとつの方法である。患者さんは療法家の対応に関して「ひどい扱い」という捉え方をして

いるわけだから，問題となったエピソードについてはあくまでもその患者さんと療法家という二人の間で起こった出来事として丹念に検討していく必要がある。そしてHさんの例のように患者さんの怒りが一見常識的には理解しにくい場合についても，事情は同じである。まずは〈あなたが感じておられる怒りはヘルパーの仕事をするように私が安易に勧めたと感じておられることによるものなのですね。私に対してどのようなことをその時に感じたのかをもう少しお話しいただけませんか？〉と問いかけることから始め，その際の患者さんの気持ちをさらに聞いていくことで，その主観的世界に入り，その怒りの由来が少しずつわかってくることもある。そのような介入こそが二者心理学的なスタンスと呼べる。

A-3 ▶ 怒りが生じるようになった治療の流れ，コンテクストを把握しようと試みる

　新しい療法家に代わって間もない時期に，その療法家に表出された怒りは，半分は現実のものであっても，そうではない側面もあると捉えることができる。患者さんが表現している怒りをさかのぼって考えてみると，前の療法家との別れに伴う様々な情緒的体験を消化できていないことの表れであるとも言えるだろう。つまりこのような場合，面接者の交代に至った治療の流れに焦点付けをしていくことが必要となる。〈ところであなたは私のところに心理療法を受けに来られるようになったわけですが，そのことについてはどう思われているのですか？　今振り返ってみて，どのような流れでそうなったのだと思われますか？〉とコメントしてみてもよいかもしれない。

> **A-4** ▶ 前の療法家との治療再開を検討してみる

　前の療法家との治療が密なものであった場合，それに一区切りをつけて次の治療につなげることは決して容易なことではない。あまりこのような手段がとられることは多くはないが，場合によっては前の療法家に連絡をとって治療の再開を検討してもらうこともいいのではないか？　その際，患者さんには次のように伝えてみることができるだろう。〈あなたはB先生とこれまでに長い間面接を続けてこられたと思います。もしかするとB先生から私に面接担当者が代わるのがタイミングとして早過ぎたということはないでしょうか？　まだ，B先生との間でやり残したことがあるようにも思えるのですが〉。

------- **考察・コメント** -------

　同様のことが臨床場面で生じた場合，常識的にはA-1やA-2といった方法がとられることが多いと思う。この症例のモデルとなったケースでは私（療法家）も初めの頃はA-1やA-2のアプローチを試みてみた。いかにもそれが本筋のように思えたからだ。しかしそれにより患者さんの怒りを増幅させるだけで心理的な取り扱いすらできない状況に陥った。そこで私はA-3の方法をとって数セッションを続けていかざるを得なかった。そして最終的にはA-4の方法が最も本来的なもののように思い，患者さんには前の療法家の元へ戻ってもらうこととなった。そして，半年してこの怒りの取り扱いがワークスルーされたと前の療法家から報告を受けたのだった。

　なお，このケースの場合は予備面接に加え，まだ数回しか面接をしていないにもかかわらず，強力な陰性転移が持ち込まれたことになる。A-1やA-2のような心理的な取り扱いが困難だったのは，患者さんが重症な人だったということも影響していると思われる。後から振り返る

と，このように心理療法家の交代という展開になる前にもっと話し合ってもらう必要があったようにも思えるが，患者さんが重症であるがためにこのような展開にならざるを得なかったとも言えるだろう。

Q9

「困った時にすぐに具体的に助けてくれない先生とは話したくありません！」と言われたら？

　30代の女性Aさんは長く摂食障害を患っていた。これまで複数の医療機関にかかったものの，短期間で通院を中断し，この数年は治療を受けていなかった。Aさんが危機的に痩せていることは誰の目にも明らかだったが，同居している家族は半ば諦め，ほとんどAさんに関わっていなかった。ある夏の暑い日，Aさんは自室で危篤状態に陥り，療法家が勤務する病院へ搬送されてきた。幸いにも深刻な身体状況を脱したAさんは「今度こそ病気を治したいので心理療法を受けたい」と希望した。心理療法を始めた当初，Aさんは病気の経過に関する不安を繰り返し語り，それに伴う疑問への正確な回答を療法家に求めた。療法家は不安の強いAさんに対しては病気に関する情報提供も重要であると考え，出来るだけ丁寧に答えるようにしていた。しかし，その回答がAさんの意図したものと少しでもずれていると，Aさんは療法家の応答性の悪さにあきれたような顔をして，残り時間の会話を拒否した。このようなAさんとの面接は療法家を大変緊張させたが，セッションはキャンセルされることなく続いた。面接の中で語られる家族の話から，家庭内のある事情のためにAさんが求める愛情が十分に両親から得られなかったことが窺われた。Aさんはそのことについての強い怒りと深い悲しみを長い間持ち続け，今なお両親の愛情を諦めきれずにいた。しかしAさんの愛情の求め方は両親にはあまりにもわかりにくく，受け入れがたいものであった。療法家は必要に応じて親ガイダンスも実施したが，Aさん

の病気を「わがまま病だ」と言う両親とAさんの間には既に長年にわたって深い溝ができていた。

　あるセッションでのこと。Aさんは親と衝突し，ひどく傷ついたエピソードを語った。そして「今すぐ私の親をなんとかしてください！　先生のところに通っていたって親はちっとも変わらないじゃないですか。親を変えてくれない心理療法なんて受ける意味がありません！」と責め立てた。さらに「私が困った時にすぐに具体的に助けてくれない先生とは話したくありません！」と低く強い調子で言い，プイと横を向き沈黙した。こうしたAさんの訴えは次のセッションでも，その次のセッションでも繰り返された。療法家はどのように対応すべきだろうか？

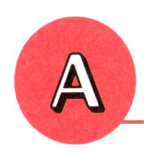

A

Answer

A-1 ▶ 転移感情に焦点化する

　Aさんとのやりとりから，自分が望むものを他者は正確に読み取り提供すべきであるという自己愛的な心のありようが感じられた。そしてそれは両親との間で経験してきた強い不安や耐え難い孤独感に対する防衛だと療法家は考えていた。療法家は日ごろから患者さんの向ける転移感情を扱うことに治療的な価値を置く方針をとっていたので，次のように介入した。〈私がSOSを聞きつけてすぐに具体的に自分を助けてくれないことが本当にAさんにとってはつらいことなんですね。それは，もしかするとご両親が家の事情でいつも忙しくしていて，困ったときにすぐに助けてくれなかったAさんの子どもの頃の体験と似ているかもしれませんね〉。このように繰り返し転移感情に焦点を当てながら，他者を支配しようとするAさんの根底にある感情を取り

上げていくつもりだったのだ。

A-2 ▶ 療法家の役割を明確にし，面接の目的を確認する………

　療法家は，Ａさんが希望する具体的で現実的な援助を行うことは，Ａさんが思考し行動することを肩代わりしてしまうことになると考えた。それは療法家-患者の共同作業として行われる本来の心理療法のあり方とは異なる。その点を明確にすることがとりあえず必要であろうと考えた療法家は，次のように言った。〈心理療法においてはＡさんの心の中で起きていることを一緒に考えていくことが私の仕事であり，Ａさんの心の外側で起きていることはＡさん自身が対処するべきことだと考えています。ですから今回，Ａさんが望まれるような形での援助はできないのです〉。こうしてＡさんが内的な話に移ることを期待した。しかし，Ａさんは「それなら面接は必要ありません」と更に怒りを増幅させているようだ。療法家は〈うーん，困りましたね……〉と言いつつ，Ａさんが心理療法に抱く理想化された過剰な期待を現実的なところに収めていくよう努力した。

A-3 ▶ 患者さんの幻想に対する気づきを強調する………………

　Ａさんは外側のなにものかが自分の問題を即座に解決し，欲しいものを授けてくれるといった幻想を持っているようであったが，同時にそれが不可能であることにもどこかで気がついているように感じた。それはＡさんが結局は面接をキャンセルすることなく通い続けることに表れていると考えた。そしてこの点をＡさんと明確にすることが治療にとって必要であると思われた。そこでＡさんに次のように言った。〈あなたが望むように，ご両親がＡさんを理解してくれたら

本当に幸せなことですよね。ただ，ご両親が変わるのは難しいこともAさんはどこかで気づいているように私には見えるのですが〉。療法家はさらに，このような希望を長く持ち続けることで現実のAさんの生活が非常に行き詰まったものになっていることに目を向けていくことを目指した。

A-4 ▶ これまでの治療関係を振り返り，治療目標を再検討する

危機的な状態にありながら長らく治療を受けてこなかったAさんが心理療法を希望したということで療法家はなんとか力になりたいと過剰に意気込んでいた部分があったかもしれない。病気に対する情報を療法家なりに丁寧に提供していた初期の面接のあり方にも，その過剰さが反映されていたように思われた。そうであれば，Aさんが「望むものは与えてもらえる」という期待を持ってしまうのも当然であろう。そこで療法家はこう言った。〈振り返ってみると，私のこれまでの態度がAさんに様々な期待を抱かせてしまう部分があったようにも思えます〉。こうしてAさんの主張の正当性を認めたうえで，治療目標の再考と治療関係についての見直しを提案しようと考えたのである。

---- **考察・コメント** ----

病棟スタッフの丁寧な身体治療が効を奏し，本当に久しぶりにAさんは治療意欲を口にすることができた。私（療法家）のAさんとの心理療法はその日をきっかけに始まった。そのころAさんはまだ車イスに乗った状態の時であり，心理療法の目的も曖昧なまま面接を開始してしまった。その曖昧さが，Aさんとの一面的な関わりを生み出していたかもしれないと今になって思うのだが，その時はようやくつながった糸

をなんとか切らないようにしたいとの気持ちが強かった。「不快なものは取り入れず，心地よいものだけを直ちに手に入れようとする面接場面でのAさんのありようは，Aさんの食事の仕方と一緒だな……」。そんなことを感じているときにAさんから投げかけられたのが表題の言葉だった。実際の場面では，まずA-1の介入を試みた。しかし，Aさんの怒りのほうが勝っていてほとんど問題にされず，「療法家は私のために何をしてくれるのか？」という問いが繰り返されるだけだった。また，他のケースでは有効だったA-2の介入も考えてはみたものの，これを伝えると，面接が途切れてしまい，Aさんはまた治療から遠ざかってしまうのではないかと心配になり言えなかった。A-3のような介入には，時に反応する様子もあったが，これらの言葉を繰り返し伝えるだけでは，Aさんは，次第に満足していかなくなるように思われた。結局は，Aさんの主張に共感を示しつつ，それぞれの介入を状況に応じて繰り返し用いていくことになった。そうして，1年ぐらい経過し，Aさんの望むようには私は役に立たないとAさんが諦めたとき，ふたりの間の空気が少しやわらいだように感じられた。心理療法は，様々な痛みとともに大切な何かを諦めるプロセスなのかもしれないとも感じている。

Q10

Question

主治医への不満を並べられたら？

　適応障害と診断された30代の男性Kさん。アルバイトを始めるにあたって，仕事先でのストレスを軽減するために心理療法を希望してきた。1年ほどしたところで，体調を崩し，アルバイトの継続が困難になった。ちょうど同じ頃に担当医が転勤したため，新しい主治医に代わったが，問題はその時から始まった。

　「今度の先生は話を聞いてくれないんですよ」「自分は一生懸命話しているのに，先生はカルテに書こうともしない」「別の薬に替えてほしいと言っているのに，『他に薬はない』と，薬の本を調べようともしないんです」「他の患者に比べ，自分は診療時間が短いように思います」と，毎回主治医に対する不満を療法家に話すだけで面接の時間が終わってしまうようになった。療法家は，主治医への不満をここで話してもあまり問題の解決にならないこと，Kさんが主治医に直接伝えることが重要であることなどを話していた。しかしKさんは，「でも先生は話を聞かないから，言おうにも言えないんです」と言い，とうとう前担当医の転勤先への転院を希望してきた。そこで現実的にその方向で話を進めたところ，「でもそこで今と同じ薬を出してもらえるかわからないなあ」「それにやっぱり場所が不便」「心理療法も受けられなくなるし」と，再び気が変わり，結局新しい主治医のもとにとどまり治療を続けることにした。こうして相変わらず主治医への不満だけで療法家との面接時間が終わってしまうというパターンが続き，とうとう「主治医のせいで調子が悪いんです」「主治医さえ代われば僕の病気も何とかなるんですよ」「先生か

らも主治医に何とか言ってくださいよ！」とエスカレートしてきた。療法家は辟易してしまった。

Answer

A-1 ▶ 前主治医への怒りを話題にしてみる

　Kさんが繰り返し訴えているのは新しい主治医への不満だが，実は前の主治医に「見捨てられた」「裏切られた」という思いを，新しい主治医への不満を語ることで防衛していると考えられる。そこで前主治医への怒りを療法家が取り上げてみる。

A-2 ▶ 主治医への不満が実は療法家への不満である可能性を考える

　「話を聞いてくれない」「自分のことをわかってもらえていない」という主治医への不満は，実はKさんが療法家に抱いているものである可能性がある。そこで〈この心理療法の時間に私に対してもそういうふうに思うことがありますか？〉と問いかけてみる。

A-3 ▶ 主治医への不満は主治医に話すように言う

　主治医への不満を療法家に話されても，それに対して直接療法家にできることは限られているという点を指摘し，不満があるなら主治医に直接伝えることが大事であるという考えをKさんに伝える。

A-4 ▶ 主治医への不満以外のテーマを療法家から話題にする

　Kさんの主治医に対する不満を十分に受け止めたうえで，主治医に対する不満を言うだけで毎回の心理療法が終わってしまうことは問題であるという点を指摘する。そして今，Kさんにとって考えなくてはいけない本質的なテーマとは何かについて話し合う。例えばKさんが体調の回復に伴い，社会復帰を考えなくてはいけない時期にあることについて扱い，社会復帰に対するKさんの抵抗が関係していないかを問いかける。

A-5 ▶ 患者-主治医-療法家で三者面談をおこなう

　Kさんが主治医に直接不満を言えないという問題について，あるいはKさんが療法家に主治医との間で何らかの仲介をしてほしいと望んでいる可能性について，主治医を含めた三者面談を提案し，現在の状況について共通理解が持てるようになることを目指す。

A-6 ▶ 療法家が患者さんの不満を解消できるよう，主治医と話し合う

　療法家が積極的に動き，Kさんと主治医の仲を取り持つ。シンプルすぎ，安易であるという印象を与えるかもしれないが，これも選択肢のひとつである。「話を聞いてくれない」「時間が短い」「薬の相談に乗ってくれない」などの訴えは，主治医に対する不満として聞かれるものの典型であることも確かだ。それらのうち療法家の目からも不満が起きて当然なものについては，療法家が患者さんの代弁者として

主治医に事情を話してみることが，治療にプラスに働くこともありうる。少なくとも患者さんは自分の不満を，正当なものとして認めてもらったという経験を持つことになろう。主治医がそれを実際に考慮してくれなくとも，療法家が患者さんのために一肌脱いだという体験は残り，治療同盟をより確かなものにしてくれる可能性もある。また療法家がこのような働きかけを行ったことに対してKさんが示す反応は，今度は治療関係の中でヒア・アンド・ナウに取り扱うことのできる素材ともなる。もちろんこのA-6では療法家が，Kさんが本来自分ですべきことを肩代わりしてしまっていることになる。ただKさんが療法家を用いて主治医との関係を改善しようと試みているとも取れないことはない。少なくともKさんは主治医への不満を自分の中に押し殺してしまう事態だけは回避できているのだ。

---- 考察・コメント ----

当初，新しい主治医のことは，療法家である私自身もよく知らなかったため，Kさんが話題にする主治医の否定的な言動について，「もし本当に主治医がそういう人だとしたら……」と私自身が主治医への信頼を失いそうになることがあった。しかし，Kさんの訴えは執拗で，話の内容は，明らかに面接で本来扱われるテーマから逸脱し続けていた。また，私自身がKさんの主治医と話し合う機会を持つことで，私が持ちそうになっていた主治医への不信感はかなり払拭された。そしてKさんが主治医への不満を訴えつづける際に，Kさん自身にとっての本来のテーマを考えることがいかに苦痛となっているかに思い至った。Kさんにそのことを伝えていくうちに，徐々に主治医への不満は減っていった（本人いわく，「あの先生には何を言っても無駄だということがわかってきた。もう何も期待しない。諦めた」とのこと）。

今回話題にしたKさんは，相手を操作しようという意図があまりな

かったようだが，もしこれが境界性パーソナリティ障害に特徴的な操作的対人関係を持つ傾向の強い患者さんであれば，療法家が強く影響されてしまい，結託して主治医を攻撃するという構造にもなりかねない。しかし患者さんが主治医への攻撃をいかに防衛的に用いているかという視点に立って治療を進めた場合，常にKさんのような洞察を得られる保証は必ずしもなく，治療の行き詰まりを招くかもしれない。このように主治医への不満が絡んだケースは，療法家の頭を悩ませることが少なくない。

Q11

男性患者さんに「女には頼れない」と言われたら？

　Tさんは30代後半の独身の警察官である。ボクシングで国際大会に出たこともあるという，まさに体育会系の筋肉質でたくましい男性であった。職場で上司とトラブルを起こし，抑うつ気分・意欲低下・イライラ感を呈し産業医の勧めで受診した。前医の記録には軽度のうつ状態，自己愛傾向，発達障害無しなどの記載があった。服薬も併用しつつ，数回の診断面接後，心理療法を開始することになり，女性心理療法家が担当した。Tさんの父親は自営業で非常に厳しく，Tさんは長男だが幼少時から愛されていたと感じられず，気分にまかせて殴られ蹴られ，「悔しいか，男なら強くなれ！」と理不尽に言われ続けたという。両親の仲は悪く，父親は酒を飲むと母親に暴力を振るったという。母親は父親のいないところでは「父親のようにだけはなるな」と言って愚痴をこぼしていた。しかし当の母親も，父親の不在時に男性を家に連れ込んでいた記憶がある。そんな両親をTさんは軽蔑していた。

　カウンセリング開始後6カ月ほど経ったある面接場面で，Tさんは，上司との関係が改善しないと訴えた。しかし関係悪化となったトラブルについて「自分の判断は正しかった」と全く内省が見られなかった。その一方で，秩序を重んじ「後輩には礼儀をきっちり教える，馬鹿にされたくない」という。上司と父親のことがよく重なって語られるため，それに触れたが反応はなく，母親について触れると「いい思い出がないので話したくない」という。Tさんの話しぶりは，いつもひとりで完結し

療法家に向かっていない感じで，自身を「自分は」と表現するので軍人と話しているようだった。このように，支配的で感情抑制的な表出をする一方で，産業医から報告されるTさんの様子は「仕事は休まないが，イライラして自殺でもされないか心配」と不安定で，身体化症状も改善しなかった。療法家は「Tさんは，内面は苦しくてたまらないのに，それを治療場面で決して表出しようとしない。これでいいのだろうか？」と悩んでいたが，強固な殻を守っているTさんには尋ねることができなかった。療法家は，できるだけ関心を持ってTさんの話に耳を傾け，思い浮かぶ解釈もしてみたのだが，だんだん息が詰まる感じがして，Tさんも明らかにイライラしている様子だった。そこでなんとか〈ここで，Tさんの気持ちが十分に話されていないと感じ，私も焦っている〉と伝えた。長い沈黙の後，Tさんから次のようなことが語られた。「あの……自分は，女の先生には，いつまでたっても気持ちは話せないと思います。俺は男として，女の人に頼りたくない，弱さを見せられない。それが男だと思うから。先生だからダメなんじゃなく，先生が女だからダメだと思います」。療法家は，意味がわからず，説明してもらおうとしたが，Tさんは，これ以上の理由はないと言った。この場面で，療法家はどう答えたらいいのだろうか。

A

Answer

A-1 ▶ 性急に介入せず，Tさんの防衛を守り，これまで通り支持的な姿勢を続ける

〈Tさんの気持ちはわかりました。話してくれてよかったです〉と伝え，それ以後もTさんが自然に気持ちを話してくれるよう心がけ

ながら面接を続ける。傍点部は，Ｔさんが培ってきた男性性の価値観として理解できよう。根底には療法家との二者関係にかかわる気持ちがあると思われるが，まだ十分な信頼関係が確立されていない場合は，それに立ち入ることが侵襲的になりかねないため，そのまま見守ることも必要だろう。その際，「女性ではあるが，同じようなケースを体験した専門家として，Ｔさんの相談にも乗れると思う」と伝えてもいい。ただし，面接を続けることを，Ｔさんが受け入れる場合に限られるだろう。

A-2 ▶ 「本当は療法家に頼りたい」という気持ちの直面化へと向かう

　Ｔさんは本当は，療法家とより親密になりたい，頼りたい，という願望を持っているかもしれない。ところが同時に「女性の療法家に弱さを見せたら，自分がどうなってしまうのか？」という不安や，「療法家に内面を見せたら，療法家が壊れてしまうのではないか？」という懸念があるために，反動形成的に療法家に対する不信感を表明している可能性がある。療法家がその可能性を感じ取った場合には，それをさらに明らかにする方向に向かうべきだろう。このケースのように，患者さんから向けられている依存に，療法家は深いレベルでは気づいていても，陰性の感情をぶつけられているときには，それらが見えなくなってしまうことも多い。

A-3 ▶ 患者さんの対象関係に焦点を当てる

　Ａ-2とも関連しているが，傍点部の発言は，対象に依存したい気持ちや強い攻撃性など，Ｔさんの持つ対象関係上の問題の表れであ

る可能性もあり，そうであれば今後の治療の焦点となるだろう。療法家の嗅覚がそちらに働いた場合には，Ｔさんの不信感の表明が，実は「療法家が女性だから」という理由にはとどまらないのではないかという可能性を追うべきであろう。今回の場面で，療法家が冷静でいられたならば，あっさりと〈女性の療法家でなければ話せそうですか？〉とか〈最初から，女性の療法家は無理だと思っていたのですか？〉と聞いてみるのもよいだろう。

A-4 ▶ 男性の療法家に交代するという選択肢についても考える

　Ｔさんは，女性の療法家に弱みを見せるのは恥，という気持ちが強いらしい。もちろんそれ自体が治療的に扱われるべきかもしれないが，Ｔさんにとってどうしてもつらいようなら，もちろんこの選択肢についても検討する余地があるだろう。ただし男性の心理療法家が比較的少ないために選択肢が限られてしまうという場合もあるだろう。また，この場合，Ｔさんの病理から，男性の療法家に対しては，父親と同じ関係が繰り返されることも予想される。患者さんにとって心地よい転移関係が，必ずしも治療的に働くとは限らないため，そのことを押さえながら検討する必要があるだろう。

-------- 考察・コメント --------

　実際にＴさんの療法家であった私は，この場面で，うろたえてはいけない，と自分の気持ちを抑圧しＡ-1の対応をし，〈すぐにはお返事できないので，次回までゆっくり考えてお話しします〉と伝えた。しかし，心の中は「女には頼れない」というＴさんの言葉への怒りと動揺に圧倒されていた。このような場面でとりつくろってしまい，自分の防衛

的な部分に目を向けなかったことは反省点である。その翌週に，Tさんはめまいなど身体的愁訴が悪化し，療法家の勤務先の総合病院を救急受診したが，その日は私が勤務していない曜日であった。その際，対応した救急の医師が「あなたはその女性の療法家に頼っているのではありませんか？ 今日も会いたくて来たんですね」と直面化したところ，Tさんは不穏になり，そのまま入院という事態になってしまったのである。Tさんは入院中，私に会うのを拒んだが，2週間後，退院し外来で面接となった。私はTさんが入院となってしまったことに罪悪感を持ち，〈私はTさんにとって頼りない治療者だったのではないかと思い，ふがいなく思います〉と気持ちを伝えた。すると，Tさんからは「救急の先生に，『心理療法の先生に頼っている』と言われたときは，とても恥ずかしい気持ちで動揺しました。でも入院して頭が冷えましたよ。先生はいつも熱心に私の話を聞いてくれたのでよかった。私より年下だけど，結構厳しく，ズバズバとおっしゃってくれました。よく考えると，頼る頼らないという次元とは違って，今は同志みたいな感じがします。女性にはやっぱり頼れないという気持ちはあるけれど，前よりはすっきりしました」と語った。その後の面接で，Tさんの母親に対する嫌悪感については変化がなかったが，父親とはもう一度関わってみてもいいかなという発言が聞かれるようになった。

　Tさんの他にも，自衛隊員（抑うつ神経症のケース）や応援団の大学生（適応障害のケース）など，男性的な社会的役割・行動を選び，「男はこうあらねば」と理想像を持っているような患者さんは，自己愛の病理を持つことも多いようである。私は，以前は彼らの転移がうまく扱えないことが多かった。特にTさんは，当時私が年下で「自分はTさんにとって頼りない存在と思われているだろう」という逆転移に支配され悩んでいたが，実際には，Tさん側から見ると「療法家は結構厳しい」「同志のようだ」と感じており，かなりのずれがあったことが興味

深かった。Tさんらが，なぜこのように強く男性イメージに縛られるようになったのかはまだよくわからないが，考えてみると，私の側にも，男性は男らしくたくましく，女性は母性的であらねばならない，という固定観念もどこかにあったように思う。そしてこれらが治療の抵抗要因となった面もあったのではないか，と反省している。

　このケースについて研究会で検討していくなかで，先輩の療法家から「このような場面で患者さんに〈心配せず，このままやっていきましょう〉とだけ，心から言えて，そのまま治療を進めていけたらいいですね」という意見を聞いたときは，目からうろこが落ちる思いであった。患者さんは，治療場面でいろいろな感情をぶつけてくるものだが，それらを深く受け止めつつ，いつもと同じように治療を進める，このような姿勢を持てる療法家は，ひとつの理想像ではないだろうか。

おばあさん

こちらでいいんですか？	はい，どうぞよろしくお願いします

力不足な点もあるかと思いますが一緒に考えるお手伝いをさせてください

こんな若い方に話しても，わかっていただけるかどうか…

はいじゃあ…実は…

数分後…

あれ？ 黙って考えてるのかと思ったら寝ちゃったよ

コックリコックリ

どうしよう…？

うわ！いきなり起きたっ

ですから嫁がですね

ムクッ

涙が…

コマ1
- この時期になると自然と思い出すんでしょうねぇ…
- はい

コマ2
- こんなに時間がたって私もおばあちゃんて言われる歳になったのに
- はい

コマ3
- 東京大空襲で家族をいっぺんに失った時私は疎開先にいて…
- うんうん
- あ、まずいコンタクトが…

コマ4
- 昨日、夢の中で娘姿の私が必死に母を探してたんですよ…
- ああお母さんを…
- ポロポロ
- うう痛いけど今は言えない…

こんなのアリ⁉

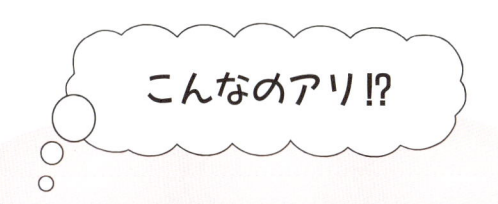

治療構造に関する Q & A

Q12

Question

患者さんから「たまには公園に行きませんか」と言われたら？

　22歳男性のAさん。いわゆるエリートコースをたどり，一流企業に入社したばかり。自分が描いていた社会人生活と現実が違いすぎてうつ状態になり，心療内科を訪れた。医師の勧めで，薬物療法と並行して心理療法を行うことになった。

　当初，女性心理療法家が持ったAさんの印象は，よそ行きの顔を崩せず，必死に弱みを見せまいとしているようで苦しそうな人，というものだった。

　治療目標を設定しようとすると「ないものを求めるのではなく，あるものをいいと思えるようになりたい」「この機会に自分を見つめなおし，現実を受け入れていきたい」と，達観したような話が聞かれる。しかし療法家にはAさんが本当にそう思っているようには聞こえず，どちらかといえば虚勢を張っているように感じられた。療法家のことを，先生ではなく〇〇さんと呼ぶことも，明らかに年下とわかる患者さんには珍しいことだった。〈なんだかAさんは意識的にセリフを選んで話してくれているようで，Aさんがどんな気持ちでいるのか想像しづらいように思います〉と伝えると「高校生の頃に一度カウンセリングを受けたことがあって」と，その体験について話してくれた。ベテランの先生で，Aさんが言うことに対して，カウンセリングのお手本のような受け答えをしたとのこと。そして「手玉にとられているようで，その手には乗らないぞと思ってしまって，本心が話せなかった」ということだった。そし

て「療法家がどんな人かわかれば，構えないで話せるかもしれない」と言った。そこで〈確かにどんな人かわからないと，自分の言ったことをどう受け取られるかわからないから話しづらいですよね〉と共感すると「これ以上傷つきたくないから自分を出すのが怖いんです」と言う。〈私について何がわかれば安心なのかわからないけれど，答えられることはそういたしましょうか〉と伝え，出身地，どこの大学を出たのか，専門は何か，この病院に来ていない日は何をしているのか，など聞かれたので，支障のない範囲で正直に答えた。すると「生きにくさを感じる」「昨日久しぶりに泣いた」など，内面を少しずつ話してくれるようになった。しかし9回目に「ここまで来ただけで進歩だと思うが，まだ話せないことがある」という。それを聞いて〈今は十分頑張っている，話せる時が来たら話してくれればいい，でも苦しいことをひとりで抱える必要はない〉と伝えた。すると10回目に「たまには公園に行きませんか？」という。なぜかと聞くと「雰囲気を変えたいなーと思って」とのことだった。

Answer

A-1 ▶ 共感しつつも〈病院の決まりなのでそのようなことはできません〉と伝える

　病院やクリニックの決まりとして，安易に患者さんと出歩くことはできない，という対応の仕方をする。ただ責任問題だけを伝えてしまうと，Aさんの気持ちを無視したように聞こえてしまうだろうから，例えば〈こういう天気のいい日に散歩できたらいいですよねぇ。でも病院の決まりなので，ごめんなさいね〉と伝える。

A-2 ▶ 面接室の中でできる範囲で，雰囲気を変える方法を一緒に考える ……………

　「雰囲気を変えたい」という気持ちに焦点を当て，今どんな雰囲気だから話しづらいと感じているのか，どんなふうに変わったら楽に話せる気がするのか，一緒に考える。

A-3 ▶ イメージの中で一緒に公園に行く ……………………………

　この場合「公園に行く」というのは雰囲気を変える手段として提案されたものなので，そこに焦点を当てたイメージ療法を行うのは的外れという考え方もある。ただ，知的防衛の強い患者さんが，イメージの中では感情表現できるということもあるので，Ａさんが同意すれば，試してみる価値はあったかもしれない。

A-4 ▶ 実際に公園に行ってしまう ……………………………

　実際その日は面接室の中に閉じこもっているのはもったいない天気だった。だからＡさんの提案は，面接の構造や安全の保障，などの問題を脇に置いておくには恰好のものだった。それで気分転換ができるなら，それもいいのでは？　と思える提案だった。万が一事故にでもあったら責任がとれないけれど……。

------- 考察・コメント -------

　私（療法家）はこの場面に実際に直面し，「実際に行ってしまう」を選んでしまった。すぐ近くに大きな公園があったため，園内を散歩しながら話をしたのである。我ながら思い切ったことをしたと思うが，どの

ように思考をめぐらせた結果，実際に行ってしまったのかというと……。

まず考えたことは，Ａさんは自分を信用して心理療法をしてほしいと思っているんだろう，ということである。「たまには公園に行きませんか？」と提案し，療法家の出方を待っているＡさんからは「面接室の外に出たからといって，私が非常識な振る舞いをする訳はないでしょう？　今日はいい天気だし，散歩しながらなら素直に話ができるかもしれない，と思っただけです。私のことを何をしでかすかわからない奴だと思ってるんですか？」というセリフが聞こえてくるようだった。教科書には，療法家の自己開示や，治療構造などについていろいろ書いてあるが，それは何のためなのか考えて，Ａさんに適した枠を設定してほしいと望んでいるんだろう，と思われた。実際，教科書的な受け答えをするとＡさんから「心理療法ではそういうふうに言うことになっているんですね」と言われることもあった。

それに加えて，初回面接からずっと，Ａさんは構えが強くて苦しそうだなと感じていたため，これで実際に公園に行ってしまえば，やっと信頼関係が築けて構えも弱まるのではないか，という考えが頭の中でふくらんでいった。そのように思いをめぐらせるうちに，責任問題は頭から外れてしまった。しかし結果的にこの日以降，信頼関係が築けたようで，Ａさんの構えは弱まった。

近くの公園が利用者の多い開放的な場所であったこと，Ａさんは療法家に恋愛転移を起こしている訳ではないと確信できたことから思わず実行してしまったが，その後予想通り院長にあきれられ，注意を受けた……。そして今度は院長との信頼関係を修復すべく努力するはめになった。

私は，Ａ-1のような対応が常識だろうとわかっていながら，思わず外に出ることを選んだ。それは，ここでＡ-1のような無難な対応をすると，やっぱりあなたも他のベテランカウンセラーと同じだ……と思わ

れ，心理療法が終わってしまうのではないか，と考えたからである。
　今改めて振り返ると，お互いを信頼するということについて，行動に移す前にもう少し言葉でやりとりすることもできたのでは，とも思う。
　このことがあったおかげで，なんのための治療構造かということを，自分の頭で考えられるようになったのはよかったのだが……。

Q13 「毎週のペースで面接に通うのが難しくなったのですが」と言われたら？

ある心理療法家は30代後半の女性患者Jさんとの毎週の面接を続けていた。Jさんは緊張しやすい人で,「人に対してどのように自分の気持ちを表現したらいいのかわからない」というのが主たる悩みであった。それでも約1年に及ぶ心理療法の成果だろうか,Jさんは心理療法の場面では,おそるおそるではあるが自分の気持ちに向き合えるようになっていた。しかし,自分の意見が思うように療法家に受け止められていないと感じると,自分が全面的に否定されたのではないかと感じるというJさんの傾向も明らかになっていた。面接が深まるにつれJさんの被害感が浮き彫りになることが増え,イライラした空気が面接場面に漂うようになっていた。そんなある日,Jさんは言いにくそうに療法家に切り出した。「最近になって経済的に苦しくなってきたんです。毎週のペースで面接に通うのが難しくなったのですが」。

さて,療法家のあなたならどうするだろうか?

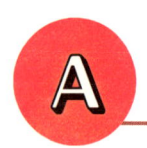

A Answer

A-1 ▶ 患者さんの治療抵抗を十分に取り扱う

治療セッションの頻度を少なくしてほしいという患者さんからの要

求の多くは，患者さんの中に治療や療法家に対する抵抗が強まっていることの表れである可能性が高い。このような展開が生じているときは患者さんの中心的な葛藤が再燃していることが少なくないだろう。そこで次のような介入を行ってみる。〈経済的に苦しくなっているということでしたが，それ以上にあなたが精神的にも苦しいものを感じているという可能性についてはいかがでしょうか。もしそうだとしますと，それはあなたがこのところ私に十分に理解してもらえていない，私に受け止めてもらえているという実感がないと感じておられるということなのかもしれませんね〉。このような介入によって患者さんの連想の自由度が増すことを期待する。

A-2 ▶ 患者さんを取り巻く現実的な状況を一緒に探索してみる

　心理療法は短くても数カ月，場合によっては2～3年，あるいはそれ以上の期間を費やすプロセスとなることも少なくない。そしてそこには当然経済的な問題も絡んでくる。日本では週に1回45～50分という心理療法の枠が標準的であるが，これを有料で受けるとなると，それにより得られる効果は別としても費用の面でかなりの負担となりうる。そしてこの経済的な問題は心理療法の重要な要素を構成するものと考えられてきた。経済的な話が出るということは患者さんの治療抵抗の側面を考えておく必要があるのだが，例えばそうした患者さんを取り巻くなんらかの現実的な状況が実際に重くのしかかっているという可能性もあるだろう。その場合は，〈経済的に苦しくなってきたということですが，最近生活面で何か変化があったのでしょうか？〉などと，あえて現実的な状況に焦点を当てたコメントをしてみるのもいいかもしれない。

A-3 ▶ 治療構造そのものを見直してみる

　A-2とも関連しているが，治療構造そのものを変更するという選択肢もある。患者さんを取り巻く現実的状況によって治療そのものが終了となってしまうのも非常に残念なことである。毎週45分，あるいは50分という治療構造が標準的だろうが，〈面接時間は同じ50分で頻度を隔週としてみましょうか？〉とか〈毎週30分と短縮してみるのはどうでしょうか？〉と提案してみるなど，可能であれば時間と頻度によって料金を見直してみるのも方法として考えられるのではないだろうか。そのように簡略化した形でもできることはあるだろうし，いずれ患者さんの経済的な事情が好転して本来の形に戻るかもしれない。そもそも治療者のそのような柔軟な姿勢が，予想外の治療的変化を生み出す可能性もある。

考察・コメント

　力動的な心理療法家としては基本的にはA-1のように治療関係に結びつけた介入をするべきなのだろう。治療抵抗があらわになっている場合の多くは，患者さんが療法家や治療状況にネガティブなものを感じていたり，なんらかの転移関係を再演していたりすることが多いからだ。ただし，その際に患者さんが直面化や解釈に耐えられない可能性もある。治療は正しく進行し，その結果として患者さんは去ってしまった，という笑うに笑えない事態にもなりかねない。

　それに患者さんがA-1のような介入に抵抗する際には，それなりの正当な理由がある場合もある。心理療法家は患者さんと療法家によって生み出されるものをことごとく「患者-療法家」という関係性に由来するものとして取り扱い過ぎることで大切な何かを見落としてしまうおそれもあるだろう。治療そのものを取り巻いている現実的な状況に焦点を

当ててみるA-2のような介入もあるだろうし，A-3のような方法をとることで治療の継続が可能となるかもしれない。基本的にはA-1のような方法をとれば，患者さんと療法家の間で起こっていることを「今ここで」取り扱うことを可能にしてくれるのだろうが，A-2やA-3のように，心理療法という構造をマネージメント的な視点から捉えてみる方法，およびそのような柔軟な姿勢も選択肢として持っていたいものである。A-3であれば，実際に治療構造を変えてみることまで必要とは限らず，そのようなことを話題にできること自体が治療的なのかもしれない。

Q14 面接回数を増やすことを要求されたら？

　ある女性心理療法家は40代の未婚の男性患者Jさんと週1回の面接を始めた。Jさんは技術職人として働いていたが，機械をいじる職場での仕事は半ば趣味のようでもあったという。Jさんはお見合いを幾度となく繰り返してきたが，「女性とは面と向かって話せない」という内向的な性格のためか，うまくいかなかった。それを克服したいとのことでJさんは心理療法を希望したのだった。心理療法を始めて4カ月が経ったが，Jさんにとって女性心理療法家との毎週の心理療法は様々な意味において刺激的な体験だった。「先生になら何でも話せます」「女性ともうまく話せそうな自信もついてきましたよ」と満足気に語るようになった。Jさんにはその療法家がかなり魅力的に映っていたようで，ほのかな恋心のようなものも感じていたらしい。そのうちJさんにとって，面接が週に1回しかないということがかなり不満に思えるようになり，面接の回数を増やすことをリクエストしてきた。療法家は，そのカウンセリングルームには非常勤で週に1回しか勤務していないので，回数を増やすことは無理だと答えたが，Jさんは「普段の勤務先に自分を紹介してくれないのは，先生にとって自分がつまらない人間だからではないか」と考え，その空想が頭を離れなくなった。そしてある時Jさんは，意を決してこう言った。「先生の普段の勤務先でもっと面接回数を増やしていただきたいのですが」。

　このようなリクエストに対して，療法家はどのように対応すべきだろうか？

A-1 ▶ 恋愛性の転移として扱う

　男性患者さんが女性心理療法家に対して恋愛感情を持つことはある程度は自然に起こりうることだろう。また恋愛感情とまでいかなくても，強い依存欲求の対象として女性療法家が選ばれることもありうる。そこで療法家は次のような介入をしてみた。〈Jさんはここで私と面接を始めるようになってもう4カ月ほど経ちましたね。最初は女性とうまく話せないという悩みをお持ちでしたが，私との面接の回数が増えることは，どのような意味を持ちますか？〉と。これは，恋愛性の転移の取り扱いにつなげることもできることを期待しての介入だった。

A-2 ▶ 対象を失うことへの恐れの表れと考える

　療法家は，このJさんのリクエストを，療法家との関係が失われることへの恐れに関連したものとして捉えた。患者さんにとって治療場面を介しての療法家とのつながりは，面接を重ねていくとともに大切さを増していく可能性がある。そして例えば療法家が出張して面接が休みになると，患者さんは半ば精神病的と言ってもいいほどに不安を感じることがある。このような治療関係が展開されている場合，先のようなコメントには，「療法家との治療関係が途切れてしまうのではないか」という患者さんの非常に強い不安が表れているのかもしれない。療法家はそのように判断して，次のように介入してみた。〈それは，このままだと私との面接が途切れてしまうのではないかと不安に感じておられるということでしょうか？〉。

A-3 ▶ そのようなリクエストに至った経緯を明確化する

　患者さんと毎週のように面接を繰り返していくことは確かに転移感情を刺激するところがある。しかし患者さんからの目の前の療法家に対する感情だけではなく，むしろ患者さん自身の内的な世界への関心も高まっていくことだろう。Jさんは面接を重ねるたびに，自分自身が取るに足らないつまらない人物なのではないかという思いを強めていったわけだが，面接が週に1回では空想を処理しきれないほどに内的なものがたくさん刺激されていたのかもしれない。その場合には深層の心理に焦点を当てる前に，〈そのように面接の回数を増やしてほしいというのは，Jさんの中で何か考えるところがあるのでしょうか？〉などと，まずは意識レベルでのやり取りに焦点を当てて，患者さんに考えを十分に語ってもらうというのも有効だろう。

A-4 ▶ 実際に普段の勤務先で治療設定をしなおす

　療法家は考えた。「現在の週に1回という治療設定では，患者さんの中で高まってきた心理的な取り組みへの熱意に十分に応えるだけの受け皿として機能しているとは言いにくいかもしれない。それなら，そのまま週に1回のペースで面接をしていくのではなく，いくらか話し合ったうえで可能なら普段の勤務先で頻度を上げて面接をしていくという設定の変更に応じてみるのもひとつの方法だろう」。そして実際に自分の勤務先に治療の場を移し，リクエストに応えることにした。

考察・コメント

　療法家のスタンスによって異なるのだろうが，A-1～A-3が基本的な心理療法的な介入として考えられる。しかし，それらによるやり取り

をしたうえで，A-4の方法を実際に採用してみるのも意味があるかもしれない。そのことで心理的なワークがさらに進んでいく場合も考えられるからだ。

　心理療法では，禁欲原則の大切さがよく言われる。それには，患者さんが考える機会を奪わないようにするために，安易に患者さんの願望を満たさないことが必要であるという説明がなされることが多い。もちろんそれは真理を含んでいるのだが，そこには同時に，「療法家は専門家であって，患者さんよりも正しい理解ができている」，あるいは「療法家は心理的な取り扱いに，とにかく焦点を当てていかないといけない」という暗黙の前提があることも否定できない。ところがより現代的な立場では，患者さんがどのような体験から自分なりの洞察を得るかは，患者さんにも療法家にも知りえないという現実を受け入れる方向にある。さらに患者さん側からのリクエストに治療者が率直にかつ積極的に応えることで新たな二者関係が展開する可能性も重視すべきであろう。

　患者さんと療法家の二者関係を重んじるという立場からは，セッションの頻度を一定期間試みに増やしたうえでそこで生じたことを話し合い，そのうえでそれ以降について考えるという方針もありうる。この場合は患者さんと療法家は力を合わせながら治療方針を作り上げていくというニュアンスが伴い，機能レベルの高い患者さんとの関係では，よりよい治療効果を発揮する可能性も考えられるだろう。

Q15

面接中に他の患者さんからの緊急電話がかかってきたら？

　ある女性心理療法家は，20代の娘さんを持つ母親Aさんと面接を始めた。Aさんの娘さんは強い不安感とうつ気分から10年ほど家に引きこもった生活を続けていた。家族以外には全く交流を持とうとしない娘さんへの対応がAさんの相談目的であった。

　あるセッションでのこと。机の上に置かれていた内線電話が鳴った。面接中にかかる電話は緊急のはずである。療法家はしばらく電話をそのままにしてAさんの話に耳を傾けていたが，コール音が10回を超えた……。迷いながらも〈すみません，緊急の電話のようなのですが，出てもよろしいですか？〉と療法家はAさんの了承を得て，受話器を取った。すると受付スタッフが疲労しきった声で「先生，すみません！　Bさんが今すぐ先生と電話をつないでほしいと言って，どうにも聞き入れてくれないんです！　しまいには『命に関わる問題だ！』っておっしゃって……。面接が終わり次第こちらからかけ直すようにします，とも伝えたのですが，ますます興奮してきて電話口で怒鳴るばかりで……」と言う。多忙を極める受付で困惑しているスタッフの様子が目に見えるようだ。Bさんは，強迫性障害の20代の女性であった。すでに5年ほど面接を重ねており，面接中の電話には療法家は出られない，という事情をよく理解しているはずであった。Bさんのこれまでの経過から自殺の可能性は低いように思われたが，全く自傷行為が考えられないわけではない。療法家はこのような面接中の電話にはどのように対応したらよ

いのだろうか？

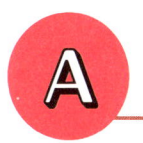

A
Answer

A-1 ▶ そもそも面接中の電話には内線・外線ともに一切対応しない

　そもそも受話器を一切とらないという方針もある。するとこの問いのような状況も最初から起きないことになる。療法家によっては，治療構造を守ることを最優先するという方針もありうる。恒常的な治療構造によって治療者はより一貫した治療的関わりを維持することができ，また患者さんは対象恒常性や新たな対象関係を経験することができるものである。それゆえ，治療者と患者さんの安全を脅かすような大地震や火事といった外部の状況以外には一切対応しないという方針を療法家は常日頃からとるということもありうる。そのような療法家なら，この時も鳴り続けるコール音を無視した可能性がある。その様子に，Aさんは「電話をとらなくていいんですか？」と気にして尋ねてくるかもしれないが，療法家は〈気にせずお話を続けてください〉と静かに伝え，Aさんに話し続けるよう促すのである。

A-2 ▶ 面接中の外線電話には一切対応しない

　療法家にとっては，安定した治療構造が重要なことは言うまでもないことだ。しかし療法家も勤務先の組織の一員でもある限り，スタッフからの緊急の内線には対応するべきだと考えた。そこで彼女はAさんの了解をとったうえで内線電話に出たのである。そしてBさん

からの緊急の外線であると知ったわけだが,「緊急」の詳細は定かでないにしても,「電話がつながらなければ,Bさんに限らず,人は次の策を講じるものだ」という考えが浮かんだ。それに,面接外の電話対応は契約外のことだ……。そこで療法家は外線電話には対応せず電話を切った。そして〈失礼しました。お話を続けましょう〉と伝え,Aさんに面接の再開を促した。それ以後電話は鳴らなかったが,療法家は残り時間の間にその後Bさんはどうなったのだろう,と考えることが何度かあった。

A-3 別室に移り,Bさんの電話に出る

療法家にはBさんの経過から今の時点では自殺の可能性が低いように思えた。しかし,全く危険がないという保証はない。そこでAさんの了解を取ったうえで別室に移って,Bさんの電話に対応することにした。その間も頭の隅では今面接中のAさんのことを考え続けた。Aさんの相談内容から考えると,突然の電話による侵入は他者に援助を求められず身動き出来なくなっている娘さんのことを想起させ,様々な気持ちが動くのではないだろうか？ Bさんの電話をひとまず終えて面接室に戻る際,療法家はAさんからそのような気持ちが表明されることを予想した。同時に療法家は,Aさんに中途で外線に応じたことについて次の方針を考えた。

【その1】 謝罪の言葉を述べずに面接に戻る

面接室に戻るとAさんは不満そうな顔をして座っていた。Aさんは自分の面接が妨げられたことに怒りや不満を感じているようだった。しかし療法家はそこで謝罪の言葉を述べることを控えることにした。かつて同じような状況でスーパーバイザーから言われたことを思い出

したからだ。療法家からAさんに先に謝罪したりお礼を伝えたりすると，今回のことで例えばAさんが怒りや悲しさを感じていたとしてもそれを療法家に対して十分に表現できなくなってしまう可能性がある，ということである。そこで，療法家は中断した面接時間の延長を伝え，〈それでは，続けましょう〉とだけ言って面接に戻った。Aさんはしばらく黙ったままで，どのように自分の感情を表現しようかと考えているようであった。

【その2】　明瞭にかつ簡単に謝罪とお礼を伝える

　こちらの都合でAさんの面接を中断してしまったことは間違いないことであり，それに対しては謝罪すべきだと療法家は考えた。また，この場面でのAさんの配慮に感謝を伝えるべきだとも感じていた。面接室に戻ると，案の定Aさんは不満そうな顔をして座っていた。療法家は〈中断してしまって申し訳ありませんでした。Aさんの面接時間ですのに，お時間をいただきまして，ありがとうございました〉と伝えた。Aさんはいったん頷いたものの，話を続けるなかで次第にイライラした様子を示し，「電話の方，随分強引な人ですね。うちの子にもあれだけの図々しさがあれば病気になんてならなかったのに！」と訴えてきた。

【その3】　これもひとつの「現実」として話し合っていく

　面接に戻るとAさんは不満そうな顔をして座っていた。確かにAさんの面接時間を侵害したことは間違いないのであり，それに対して療法家は〈中断してしまって申し訳ありませんでした〉と謝罪の言葉を述べた。しかしそれだけで済ますつもりはなかった。もちろんこのような事態が生じないように出来うる手段を講じておかなくてはいけない。しかしどんなに手を尽くしても，今後似たようなことが絶対起

きないとは言い切れない。こういうことも起こりうる「現実」に私たちが置かれているということを共有しておくことが重要だと療法家は考えた。そこで次のような言葉を付け加えた。〈Ａさんの怒りはもっともだと思います。私もこのような事態に様々に葛藤を感じています……。しかし今後も絶対に起こらないとは言い切れないことですので，私たちが置かれているこういう「現実」について，少し話をしておきませんか？〉と伝えた。それを聞いたＡさんはすぐにはその意味を理解しかねるような怪訝そうな顔をした。療法家はＡさんに対してさらにかなり念入りな説明が必要であると感じた。

考察・コメント

　私（療法家）の場合，面接中の電話については勤務先のスタッフが緊急性を判断し，やむなく電話を回すときにもその緊急度をいくつかの段階に分けて知らせてくれるなど様々に工夫をしてくれている。そういうスタッフにいつも面接の構造が支えられていることに感謝しつつ……，さて，この場面で実際にどのように対応したか。実は上に示したどのＡにも当てはまらない事態が生じてしまったのだ。まず，Ａさんの了承を得たうえで，外線電話にも出て，Ｂさんの状況を確認した。とりあえず危険なことになりそうではなかったので，〈今は面接中だからかけ直してください〉とＢさんに伝えた。しかし，Ｂさんはなかなか納得しなかった。そして，そのじれったいやりとりを待たされていたＡさんから「電話を切ってください！　今は私の面接時間なんです！」と言われてしまった。Ａさんの主張はもっともで，私はＢさんが納得しないまま慌てて電話を切って，Ａさんとの面接に戻った。その後は，Ａ-２〈その２〉にあるようにお礼と謝罪を伝えたのだが，Ａさんの怒りは構造を守れなかった私に対してではなく，Ｂさんに向けられる形でしばらく話が続いた。私が伝えたお礼と謝罪が私に対して直接怒りをぶつけに

くくしたのかもしれない。しかし，このアクシデントによって，いつも穏やかに丁寧に話すAさんが初めて激しい感情を表出することになり，娘さんへの同一化の強さを認識し，分離した存在として娘さんを認めることができない自分のありようを振り返る機会にもなった。治療構造は本来安定したものである。それゆえ，アクシデントによりそれが部分的に破綻した際は恰好の「共同の現実」として治療を進展させる直接の素材になる可能性があるようにも思われた。

Q16

患者さんが面接室を飛び出そうとしたら？

　Aさんは数年前に拒食症を発症した20代の女性である。入院しても無断離院を繰り返すなど，これまで継続した形で治療につながってはいなかった。それでもAさんは「なんとか治してあげたい」という両親に連れられて，療法家の勤める病院を受診した。主治医から「Aさんが治療からドロップアウトしなくなるように」と心理療法を依頼された療法家は，Aさんに面接を通じて達成したいことを尋ねた。するとAさんは泣きながら「こんなに太って嫌だ！」としか言わなかった。しかしAさんは一番痩せていたときよりは数キログラム増えていたとはいえ，まだガリガリの状態だった。「もっともっと痩せたい」というAさんと治療目標が共有できたとは言いがたかったが，療法家はとりあえず〈不安もたくさん感じていらっしゃるようなので，そんな気持ちについて一緒にお話をしながら整理していきましょう〉と治療をスタートさせた。面接では，頑張り屋で優等生だったAさんの人生が病気になってから思うように運ばなくなった悔しさなども断片的に語られた。しかし他の痩せた患者さんへのライバル心や「痩せたい気持ちを理解してくれない」家族への苛立ちも根強く繰り返し語られた。Aさんの「ガリガリに痩せたい」という意に反して，体重は次第に増えていったが，Aさんはそれにいっそうイライラし，強い不安を訴えた。そのようなAさんの気持ちを家族は受け入れず，たしなめるだけだったが，そのたびにAさんは意識消失発作を起こし，ひっくり返ってしまうのだった。また，時には裸足で家を飛び出すこともあり，家族はかなり振り回され続けていた。

あるセッションでのこと。Aさんは，面接室に入るとすぐに，「習い事もアルバイトも続かないことを家族に叱られた」「こんなに頑張っているのに，家族はいつも私を馬鹿にしている」と家族の理解ない言動にひどく傷ついた出来事を報告した。Aさんはやや興奮した様子で療法家と一度も目を合わせることなく話し続け，そして沈黙した。療法家は入室するやいなや一方的にまくしたてるAさんの話にどこか共感しきれていないことを自覚していた。そしてこの沈黙をどのように取り扱うべきか考えあぐねていた。その時，Aさんはいきなり立ち上がった。Aさんが面接室を飛び出そうとしているのは明らかだった。療法家はどのように対応したらよいのだろうか？

A

Answer

A-1 ▶ 転移の文脈で考えてみる

　とっさに療法家は考えた。Aさんは他者に励まされたり，ほめられたりすることを人一倍強く求める傾向があり，自分の思っている反応が得られないと自尊心をひどく傷つけられたと感じやすい。そんなAさんにとって，療法家が即座にAさんの訴えを肯定せず，しばし沈黙したことで，拒否されたように感じたのかもしれない。そこで，療法家は〈一生懸命やっても家族に叱られたり，馬鹿にされてしまったように，ここでも一生懸命話しているのに，なんだか叱られたり馬鹿にされたような気分になったのでしょうか？〉と転移の文脈で介入し，なんとか言語でのコミュニケーションを図ろうとした。

A-2 ▶ 共感の失敗を部分的に開示してみる

　療法家はそれまでのAさんの話を聞きながら，自分の共感の足りなさの理由を考えていた。療法家は「Aさんはそう言うが，家族はそんな気持ちで言ったわけではないんじゃないかなぁ……」と感じていた。そして「この感じは，もしかすると振り回されている家族に同一化しているからではないか？」とも考えた。Aさんが立ち上がったとき，療法家はすぐに，自分の共感が失敗したための行動化だろう，と思った。そこで〈Aさんが経験されたことやそれに伴うお気持ちを私はどうも十分に受け止めていないような気がしています。それでAさんがこの部屋にいられないような気分になっているとしたらそれはとても理解できる気がしますよ〉とAさんが飛び出したくなった気持ちを肯定した。Aさんは動きを止めて，療法家の話に耳を傾ける様子が見られた。そこで療法家は〈そのことを，どうしてだろうなぁとずっと考えているのですが……Aさんから何かヒントをいただけますか？〉と言い，反応を待った。

A-3 ▶ 一貫性を示す

　療法家はAさんとの治療の中で，常日頃から構造を守ることの大切さを考えていた。Aさんは嫌なものを意識的にも無意識的にも排除しようとする傾向が強かった。日常ではそういうAさんのありように家族は振り回され，結果的にAさんは自分の不安や怒り，攻撃性といった感情を保持しきれず，向き合うこともできていなかった。だから療法家は感情を抱える一貫した恒常的な場をAさんに示したいと考えていたのである。Aさんが立ち上がったときも，飛び出そうとする行為そのものには介入しなかった。そのかわり飛び出すA

さんの後ろ姿に向かって〈○時まではあなたの面接時間です。私はAさんが話しにいらっしゃるのをここで待っていますよ〉と静かに伝え，面接室内で時間まで待ち続けることにした。

A-4 ▶ わざとずれた対応をすることによって，緊張をやわらげてみる

療法家はAさんが強い失望や怒りでいっぱいになると，うまく言葉にできないまま衝動的な行動でそれを表してしまう傾向があることを常に感じていた。そしてそれをいかに治療的に扱うべきかについていくつかのアイデアを持っていた。例えばAさんの衝動的な行動を療法家の言動に取り入れてAさんに真似して返す，いわゆる「ジョイニング」が考えられた。Aさんが立ち上がったとき，その方法を試みる時が来たと考えた。うまくいけば，Aさんの興奮が鎮まり衝動行為を収められるかもしれない。そこでAさんに少し遅れて療法家も同じ勢いで立ち上がった。さらにAさんが意表をつかれたところで〈あれ？　今日は立ったまま面接をしますか？〉とわざとずれた対応をしてみた。それによって緊張がやわらぎ，Aさんは思わず笑ってしまうかもしれないし，文句を言いやすくなるかもしれない。こうしてAさん自身の強い感情を安全な形で表出できる素地を示して，面接室内での面接継続を目指したのである。

A-5 ▶ とにかく飛び出し行為を防ぎ，面接の継続について検討する

療法家はAさんの行動化に不安を感じた。Aさんが立ち上がったとき，このまま飛び出せば事故に遭わないという保証はないような気

がした．とにかく部屋を飛び出す行為だけは防ぐべきだと考えたのである．そこで即座にＡさんの手を握り，その場になんとか座らせた．そうして興奮が収まったところで，出来ればその時の気分を言葉で共有し，改めて今後の面接が安全に行えるかどうか，治療セッティングを考慮した限界設定を行うことを考えた．

―――――― 考察・コメント ――――――

　患者さんが決まった面接時間に，面接室の中にとどまれず，途中で部屋を出て行こうとする場合，それが症状による行為なのか，それとも面接のやりとりの中で生じた反応としての行為なのかという判断が重要となる場合がある．前者の場合，構造そのものの変更が必要かもしれないし，後者の場合はそれが患者さん側の不安や怒りといったものによって生じている可能性を検討したうえでの介入が必要である．

　また療法家に患者さんとの関係が出来ていれば，たとえ実際の面接場面で患者さんが飛び出したとしても，例えば患者さんが持っている可能性のある罪悪感をやわらげ，扱うことによって，今後の治療関係の破綻を回避することもできる．逆に治療関係が十分成立していないときにそれが生じた場合は，治療者は自分の側のなんらかの不安や自己愛の傷つきといった逆転移を検討しなくてはならない．

　さて，実際に療法家である私がどうしたか．実はＡさんがこのように飛び出そうとしたことは何度かあった．ある時は即座に飛び出さないように必死にとどめ，なんとかその時点での気持ちを語ってもらってその場を収めた．また別の時には，「行為に行為で反応するのはやめよう」と思い，せめて何か一言声をかけようと言葉を探しているうちに，Ａさんを部屋から飛び出させてしまった．冷静さを装いながらも，安全とも言い切れないような気がしてきて，結局はＡさんを追いかけたのだが，あとからＡさんが語るところでは，追いかける私をＡさんは物陰からず

っと見ていたそうだ。そしてAさんが隠れていた場所のすぐそばを通りながら違う方向へ行ってしまった私を見てAさんはなんとなく安心したそうなのである。つまり，Aさんの行為は療法家への依存的なコミュニケーションによるものだったことになるだろう。どれも今考えれば私は未熟な対応で必死さだけで乗り切った感じだが，言語レベルでメッセージを捉えることに失敗し，行為でのコミュニケーションを引き出してしまっていたのだろうと反省している。

Q17 主治医に，断りなしに夫婦面接を設定されてしまったら？

患者さんは30代の女性。「夫と話すのが怖い」という主訴に始まるうつ状態で，女性心理療法家の心理療法を希望した。面接を開始して10回ほど経過した時点で，夫とのやりとりを契機に患者さんの希死念慮が強まり，主治医の診察に夫婦で訪れた。そこで主治医はふたりに，「患者さんの調子は，夫婦関係に影響されているところが非常に大きいようです。夫婦同席面接をおすすめします」と話した。患者さんと夫は，診察後すぐに療法家のところへ夫婦面接の予約を入れにやって来た。聞けば主治医がそうするようにと指示したという。療法家はこうした経緯について主治医と相談してはいなかったため，その唐突さに驚いた。とりあえず夫婦面接の予約は入れたものの，これまで行ってきた個人面接の文脈にどのような形で夫婦面接を位置づけるべきなのか，突然の構造の変化をどのように扱えばよいのか，など戸惑いを感じた。そして何よりも，主治医が事前に相談なく夫婦面接の導入を決めたことに，療法家は大きな不満を覚えた。療法家はこの状況にどのように対処するべきだろうか？

Answer

A-1 ▶ とりあえずは夫婦面接を実施してみる

　主治医の頭には，夫婦の問題を取り扱うためには，個人面接という枠を超えて夫婦面接という形が最も治療的だろうという判断があったのだろう。そしてそれは確かに一理ある。そこですんなりと主治医のオーダーを受け，夫婦面接を実施してみる。しかしその場合も，当面は夫婦面接を心理療法の中心的なプロセスとして扱うのか，あるいは心理療法とは別枠で回数限定で夫婦面接をしていくことになるのか，それとも個人面接と並行して夫婦面接を継続的に行うべきかは，ケースによって様々に異なるだろう。いずれにせよ，この経緯で見過ごされがちなのが，患者さんがこの治療構造の変化に対して感じていることである。療法家が突然の出来事に憤慨し，頭がいっぱいになってしまうと，同時に患者さんにどのような影響が及んでいるかについてまで気が回らない可能性がある。しかし患者さんに罪はないのだから，療法家は動揺を隠して，予約を入れるべきであろう。もちろん実際に夫婦面接を実施する前に主治医と十分に話し合い，できるだけ誤解を解決しておいたほうがよい。

A-2 ▶ 夫婦面接の予約は入れずに，これまで通り個人面接を継続していく

　この段階では，夫婦面接の導入は主治医が単独で提案した段階に過ぎないと考える。それに療法家にとっては，夫婦面接は個人療法プロセスの妨げとなるところもあるように感じられた。その意味で主治医

がいきなり夫婦面接をオーダーしてきたことにはその真意を測りかねた。そこで療法家は患者さんに，主治医との間で明確にしたいことがまだあるため，現時点では夫婦面接の予約を入れないことを伝えた。またこのような話が出るに至ったいきさつについて患者さんの側がどのように体験しているかを，これまでどおりの個人療法の枠組みの中で取り扱っていくようにした。他方で主治医とこの件について話し合うことは言うまでもない。

A-3 ▶ 夫婦面接を実施するかどうかについての話し合いの機会を持つ

　主治医による夫婦面接の導入の仕方には改善の余地が多いが，主治医は主治医なりに多忙ななかで治療方針を示したつもりだったのだろう。実際に夫婦面接の導入が治療効果的な可能性もあるので，実施も念頭に置いたうえで十分に話し合うことは建設的と言える。ただし当の患者さんが夫婦面接にどの程度のモチベーションを持っているのか，それが個人面接と同じ療法家により行われるということについてどのように感じているのか，などはまだ明らかにされていない。そこでとりあえずはこの夫婦面接の導入に関して一度話し合いの機会を持つことを提案するという態度が望ましいだろう。

A-4 ▶ 夫婦面接の実施について，いったん保留にしてもらう

　療法家と主治医の間で夫婦面接を実施することについて理解が十分に共有できていないということを率直に患者さんに伝えたうえで，夫婦面接の実施についてはいったん保留にしてもらう。そしてその間に，

夫婦面接の実施については主治医と十分に話し合って今後の治療の方向性を見定めるようにする。

考察・コメント

　実際には療法家である私はとっさに予約を入れてしまった。患者さん夫婦が夫婦面接の予約を入れに来たのが突然のことであったため、療法家としては患者さんに戸惑いを悟られまいという思いが先に立ったのである。その後主治医に対し、「療法家である私に相談もなく、なぜそのような大事なことを勝手に決めてしまったのか」という怒りと、自分の今までの治療が否定され、治療チームから自分が阻害されたような落胆した気持ちとを抱いた。しかし冷静に考えるにつれ、管理医である主治医が治療構造を変化させることが最適と判断したならば、療法家はそれに従うことが必要なのだろうとも考えるようになった。そして、せっかく夫婦面接を行うからには、それが治療的なものになるよう療法家として努めるべきだと考えた。それまでの面接で患者さんがさんざん夫の悪口を言っており、また私もそれに共感していたことを思い浮かべ、「今自分が感じているこの疎外感を、夫婦面接の過程で治療者のほうが行動化してはいけないだろう」とも考えた。そうなれば主治医-患者-療法家という三者関係で起こったことを、療法家-患者-夫の関係で再演してしまうことになろう。それを避けるためにも、療法家として中立の立場で夫の話を聞くことを改めて意識しつつ、夫婦面接に臨むことになった。

　結局この事例では、個人面接と並行して夫婦面接を行い、夫婦面接は3回で終了した。このようなときには、予め同席面接の回数を設定するという方法も考えられる。また何よりも大事なのは、普段から主治医と療法家が治療について忌憚なく話し合える関係を築いておくことである。両者が十分に連携を取れていなければ、療法家と患者の治療関係にも支障をきたすおそれがあると思われる。

すごい…

コマ1:
- なんで私ばっかりこんなめに…わーっ
- ぶりっ
- うんうん
- え？ ぶりっ？

コマ2:
- あ，すみません ちょっとオムツ替えてきます
- あ，はい どうぞ

あんなに泣いてたのに…お母さんてすごい…

コマ3:
- すみませんでした
- えーと，なんで私ばっかりこんなめに，と…
- どこまでお話ししましたっけ？

コマ4:
- ▶/❚❚ 再生
- そうなんです わーっ

すごい…

傾聴？

（1コマ目）
- 自分にはカウンセリングは必要ないと思うんですよ
- はい？
- そうなの？

（2コマ目）
- カウンセリングって言ったって結局自分で考える訳でしょ？それなら1人でできるし
- はい…
- そりゃそうかもしれないけど…

（3コマ目）
- ほら，先生だって，結局いつも「はい」しか言わないじゃないですか
- あー，はい…
- そう言われちゃうとなぁ…

（4コマ目）
- まぁそんな心境なんですよ じゃ次は来週でいいですか
- あ，はい
- あ，来るんだ

誰か教えて〜

こんな時どうするの？と迷う
Q & A

Q18

Question

面接中に眠ってしまったら？

　ある日の午後，その女性心理療法家は，まだ面接を始めて間もない20代の女性患者さんとのセッション中に，強い眠気を覚えた。気持ちを奮い立たせ，なんとか眠らないように努力していたが，ふと意識が途切れていた。はっと気づくと，患者さんがじっとこちらを見ている。療法家は「彼女は私が眠っていたことに気づいたのだろうか」と気になったが，その日はそのまま終了した。ところが次の面接の時にも，療法家は再び強い眠気を覚えた。やはり途中で耐え切れなくなり，気がつくと眠っていた。患者さんは，またこちらを見ており，やがて口を開いてこう言った。「先生，眠っていましたね。この前もそうだったのは知っていました。先生は一体この面接をやる気があるんですか!?」その態度から，彼女がかなり怒っていることは明らかであった。そして，「こんなにいつも寝てばかりいる先生の面接は続けられません」と，治療の中断を申し出た。療法家は，なぜ自分がその患者さんとの面接で2回にわたり眠ってしまったのか，自身でも戸惑っていた。療法家はこれまで，そんなふうに患者さんとの面接で眠ってしまうという経験をしたことがなかったし，その2回のセッションの前の晩に深刻な寝不足状態にあったわけでもなかった。しかし患者さんの怒りは激しく，このまま黙っていれば面接が中断になることは明らかだった。療法家はどのような態度を示すべきだろうか？

Answer

A-1 ▶ 眠ったことを謝罪する

　まずは眠ってしまったことを患者さんに謝ることを最優先した。その背景には以下の考えがあった。「どんな理由があるにせよ，眠ってしまったことで患者さんの心を深く傷つけてしまったことには変わりない。その点を明らかにしたうえで，もし可能なら，改めて面接の継続を患者さんに促すべきだろう。その際私が，自分がなぜ眠ってしまったかについて，治療的に考えることは重要である。しかし私の体調がたまたま思わしくなく疲れが溜まっていた可能性も否定できないではないか。むしろ，私がセッション中に眠り込んでしまわないような対策を講じるほうが先だろう」。そこで療法家が改めて謝罪すると，幸い患者さんの態度は少し軟化した。とはいえ治療の中断を撤回するところまでには至らず，話は次のセッションまで持ち越されることになった。

A-2 ▶ 患者さんの持ち込む関係性について取り上げる

　療法家は眠ったことを否認することは不可能だと思い謝罪はしたが，それは最小限にとどめた。そしてあくまでも自分が2回も眠ってしまったのは，患者さんの対象関係の再現であると理解し，そのことを治療的に取り上げることにした。他の患者さんとは起きないことが2度も起きたということは，どう考えても，その患者さんの問題が関係しているような気がしたからだ。そして療法家は，眠気の生じた状況が，患者さんの側から投げ込まれた「投影性同一視」によって生じたので

はないか，という可能性を追究することにした。そこでこう言った。〈私がこんなにも強い眠気を覚えたのは，あなたの話に何か感情のこもらない，表面的な言葉の排出であるという感じがしたからではないかと思います。どうでしょうか。このことについて，何か思うところはありませんか？〉。つまり解釈を込めた問いを投げてみたことにもなる。しかし患者さんは，その意味を明確には摑みかねているようであった。そして再び療法家の居眠りに関するクレームを繰り返してきた。療法家は〈確かに眠ってしまったことは申し訳なく思っています。けれども何かに過剰に反応して関係を壊してしまうような出来事が，他の場面でも起きたことはありませんか？ 今大切なことは，あなた自身が繰り返してしまう対人関係のあり方に目を向けることなのではないでしょうか？〉。その言葉に対して患者さんは「もう話すことはありません」とでも言うように，そそくさと荷物をまとめ出した……。

A-3 ▶ 患者さんの怒りに共感しつつ，それを治療的に用いる

療法家は居眠りについては謝罪したが，患者さんがそこまでの激しい怒りを感じるのはどうしてなのか，という問題を扱うことが治療的であると考えた。そこで次のように言った。〈眠ってしまったのは確かに申し訳なく思っています。とはいえ，今すぐに面接をやめてしまうと，これまで私たちが積み上げてきたものが無駄になる可能性はありませんか？〉。患者さんはこれに対して少し考え込むような様子を見せた。さらに療法家は〈私が特に申し訳なく思うのは，私にないがしろにされているとあなたに強く感じさせてしまったのではないかということです。私に無視されたと感じて，昔同じような状況で傷つけられたことが思い出されたということはありませんか？ 私のほうが

居眠りをしていてこんなことを言うのも変ですが，このあなたの傷つきについてもう少し掘り下げて考えてみる機会かもしれませんよ〉。こうして患者さんの体験した無力感や自己愛の傷つきに言及する。そこで語られる患者さんの思いにじっくりと耳を傾け，気持ちに寄り添うことで話を深める。そのようなやり取りを通して，患者さんが普段から対人関係で感じやすくなっている怒りや傷つきのテーマについて深め，これまで語られなかった内容についても，理解を得るきっかけとして取り扱っていった。

A-4 率直に事情を話して，この事態について患者さんと共に考える

　療法家はなぜそこまで自分が強い眠気に襲われたのか，その状況を振り返り，自身の逆転移感情を探ってみることにした。「患者さんの話がわかりにくかった」「こちらが口を挟む余地がないほど，一方的に話が続けられた」「その結果，話の内容への興味を失った」「自分が何を言っても無駄だと感じた」など，そこに表れた患者さんの態度とそれに影響された療法家自身の気持ちの動きを，内省してみた。そして〈最近私は，上手く集中してあなたの話が聞けないことが多くなっていたようです〉と伝え，〈これについて私を観察しているあなたの側から思いつくところがあったら，率直に話していただけませんか？〉と尋ねてみた。患者さんはこの言葉に一瞬ためらいを見せたが，激しい怒りの感情は徐々に収まり，とりあえずは治療中断は思いとどまった。そして患者さんのほうから療法家がどのように見えるかについて，より率直な話が展開されるようになった。療法家はこのような話の流れから，患者さんの最近の話し方や態度にも何らかの原因があった可能性について，より洞察が進むことを期待した。

----- 考察・コメント -----

　面接中に眠くなった経験のない心理療法家は，いないのではないだろうか。療法家自身の健康上の理由，心理的な問題，逆転移，患者さんの態度や話し方，話の内容，背景にある感情など，様々な要因が絡み合って，時にわれわれ療法家は，耐えがたいほどの眠気に襲われることがある。療法家がいくら自分の仕事に真摯に取り組んでいても，それゆえにより多くの患者さんの話を聞こうとして，いくつものセッションを休みなしに続けた場合には，かえって疲労が蓄積するのはむしろ当然と言わなければならない。

　どんな理由があるにせよ，治療者がセッション中に実際に眠り込んでしまうことは不適切であり，弁解の余地はないだろう。しかし多くの場合，療法家を襲う眠気にはその状況を理解するためのヒントが込められていることもまた事実である。それは患者さんが発している特有のパターンかもしれないし，療法家自身の中に発生しやすいパターンかもしれない。特に面接中の眠気は，療法家が自身で患者さんのために役に立っていると感じられないときに生じることが多いようである。そこで一歩考えを進め，「なぜ自分はこんなにも眠くなっているのか？」について再吟味することで，これまでは見えていなかった患者さんの状態がより鮮明に浮かび上がってくることがある。

　療法家が眠たげな表情をしたり，欠伸をしたりすることは，それだけで患者さんにとって深い傷つきになりかねない。「自分の話は退屈なのだ」「自分は関心や愛情を持たれていないらしい」と感じさせてしまう可能性はかなり高い。だから療法家が眠気の理由を説明することで，「そういう理由があったのだ」とわかれば，患者さんは安心するかもしれない。療法家はその理由によっては，過剰に自責的になることなく，自分の側の要因を考えるきっかけにもなり，さらには自己理解を深める

こともあるかもしれない。重要なのは，それが「患者さんが基本的には尊重された関係の中で生じた特殊な事態である」と理解されることであり，療法家が同じ誤りを繰り返さず，出来るならば治療関係をさらに深めていくきっかけとして有効に生かすことであろう。そのために療法家は，自分の犯す過ち（体調の管理を怠り，実際に居眠りを繰り返してしまったこと）を率直に受け入れ，必要に応じて謝罪するという姿勢が常に必要である。

Q19 患者さんが本当に改善しているのか不安になった…

　大学1年生の男性Yさんは，幼少期から対人恐怖の傾向があった。大学でも，教室に入るときは前の授業の生徒が出てしまって教室が空になるのを見計らって入るのだが，それでも皆に注目されていると感じてしまい，足が震えてしまうという。そのために教室に入れず，単位を落としたこともあった。そこで療法家は，Yさんが感じる不安や緊張の認知面に焦点を当てる形で面接を始めた。

　Yさんは面接中は，緊張した面持ちで姿勢良く座り，多くの場合は，療法家に質問され促されてから発言するという受け身的な態度を示した。しかし，療法家の発言には熱心に耳を傾け，面接に対して協力的であった。Yさんは「小さい頃から人と話すことが苦手で，友達も少なかった」「特に不特定多数の人たちがいる場面での不安が強い」と話した。「周りの人は，僕の足が震え，緊張していることに気づいていて，僕のことを変だと思っているのではないか。だから，誰も僕と一緒にいたくないのではないか」という不安が一番強かったので，セッションでは，その思考の論理性や現実性について話し合っていった。面接を数回重ねた時点で，Yさんは，「自分の思考が過度に悲観的で非論理的なものだと気づくようになった」「周りの人が僕の足の震えに気づいている，と思って緊張したが，すぐに，それは僕の思い込みかもしれないと思えるようになりました」など，認知面では大きな改善が認められ，それによって「緊張も多少やわらぎ始めました」と語った。こうしたYさんの

報告に対し，療法家は，「面接開始からまだ5週間しか経っていないのに**本当に**改善しているのだろうか？ Yさんは療法家の期待に応えようとするあまり，実際にはそんなふうに思えていないのに，『僕の思い込みだ，と思わなければいけない』と考えて，良い報告をしているのではないか」という不安を抱いた。しかし，Yさんの認知の変化を，表立って疑うような発言も憚（はばか）られた。〈考え方を変えるのはとても難しいのに，1カ月ちょっとでこのような変化が見られるとは，と驚いています〉という表現でしか療法家の抱いている懸念を伝えることができず，Yさんは変わらず模範的な改善を報告し続けた。結局，「本当に改善しているのか？」という療法家の不安をYさんに直接伝えることなく，面接は9回で終結した。

A Answer

A-1 ▶ 認知的側面に焦点を当てる

　療法家が抱いている「Yさんは本当に改善しているのか？」という疑問を直接的には表現せずに，その背後にあると思われる「人の期待に応えなければならない」というYさんのスキーマ（認知的な図式）を取り扱う。面接開始の動機となった「周りの人が自分の足の震えなどに気づいて，変な人だと思っているのではないか」という不安については，「改善している」と話すYさん自身の言葉をとりあえずはそのまま受け取ってみる。そのうえでもう一歩話を進め，他の場面で感じやすい対人関係にまつわる不安について尋ねたり，「友達が少なかった」ことについても語ってもらう。このようなやり取りを通して，Yさんの対人関係におけるより深層にあるスキーマを探索して

いく。探索に臨む姿勢が次第に芽生え，そのうちに患者さんは，真の改善にはまだまだ必要なものがあるということを感じ取ることになるだろう。

A-2 ▶ 治療関係を介して洞察を促す

　Yさんは，不安を感じやすいという自身の対人関係のパターンを，療法家との関係にも持ち込んで展開している可能性が高い。そこで最も取り扱いやすい対人関係の代表として，療法家との関係性について話し合ってみることにする。例えば，〈Yさんは，ここでの面接中にも緊張や不安を感じることがあるのではないですか？〉〈私（療法家）に対しても，「変な人だと思われていないか」「一緒にいたくないと思われていないか」と不安を感じることがあるのではないですか？〉などと問いかけてみる。それは，「Yさんが療法家に対して感じているであろう言葉にされない不安や緊張は，Yさんの療法家への転移感情であるとも考えられる。だから面接場面ではYさんの再体験を通じて，その不安や緊張のより本質的な解決を求めていく」ということである。そうすることで，患者さんは自身のテーマについて洞察を深める機会を得ることだろう。

A-3 ▶ 支持的態度をとり続けていくことで，課題に取り組みやすい治療的雰囲気を作る

　たとえYさんが，日常生活での不安の軽減や認知の変化について十分に達成されたものとして過大に評価していたとしても，それはYさんが面接を通して何かを得たと体験したことを示していると言えるだろう。そこで，療法家は支持的態度でYさんの発言をできる

だけ率直に受け止めてみる。それに引き続いて、さらなる改善の余地がありうるという療法家の考えを伝えてみる。しかし、Yさんもなかなか療法家の言葉を受け入れることが出来ないかもしれない。「これまでの体験は思い込みであった……」などと抑うつ的に語るかもしれないが、療法家の支持的態度が維持されることで、課題を見つめる意欲と勇気が動き出す可能性は十分にあると言える。そうなると結果として認知面に変化が生じてくるだけでなく、治療状況での不安のみならず日常生活での不安が軽減され、Yさんの当初の治療目標が半ば自然な形で達成されるだろう。このアプローチをとる場合、療法家は、患者さんからはなかなか治療への意欲が感じられなくても、粘り強く時間をかけていくだけのゆとりを持っておくことが特に必要となるだろう。

考察・コメント

実際の面接では、私（療法家）は「本当は十分には改善していないのではないか？」という疑問を抱いたまま、後半の時期を過ごした。「それについてYさんに指摘してみよう」と何度も考えたのだが、そうすることでYさんが不信感を抱くのではないか？　という不安も強く、またYさんの言葉を疑っているようにも思え、結局のところは言い出せなかった。A-3に示したように、Yさんの言葉をとりあえずはそのまま受け取めてみるというスタンスで、さらにカウンセリング期間を延長して、Yさんの変化を見定める方法もあった。しかしそうすることは、私自身の不安を軽減させる目的での、治療期間の延長のようにも思えたため、Yさん自身が主訴の改善を主張した時点で、面接を終結することとなった。

Q20

患者さんが「刺青を見せてあげますよ」とTシャツを脱ぎ始めたら？

　Sさんは30代後半の男性。意欲の低下，怒りっぽさ，対人関係のトラブルなどから心理療法を希望した。以前から友人や恋人とある程度親交が深まると，些細なことでイライラし，喧嘩別れをしてしまうことが多い，というSさんは，実際に3カ月間付き合った恋人と2週間前に別れていた。ただし，それほど深い関係ではない友人はたくさんいるようだ。

　非常に体格の良いSさんは，バイクやウエイトリフティング，その他スポーツ全般を趣味とし，面接中は，こうした趣味に関しては冗談を交えながら明るく話した。反面，家族や対人関係についてはあまり進んで話をしようとしなかった。特に，対人関係におけるSさんの感情に焦点化すると，Sさんは「よくわからない」「別に何も感じていない」と答え，それ以上はなかなか話が深まらなかった。

　面接開始から1カ月ほど経った頃から，Sさんは，「先生も明日の試合（地元チームの決勝戦）を見に行ったほうがいいですよ，俺も行きますから」「俺のバイク，外に停めてあるから，先生，帰りにでも見てみてください」など，面接外に療法家とのつながりを期待するようなことを言うようになった。療法家は戸惑いながらも，それらを面接内で取り上げずにいた。

　そうして，あるセッションでのこと。前の恋人との関係について話し出したSさんは「あいつは俺の刺青が嫌だって言った」と怒り出し，

さらに自分の胸部に龍の刺青があると言い，「先生にも見せてあげますよ」と着ていたTシャツを急に脱ごうとし始めた。療法家は慌ててそれを止めたが，当のSさんは，なぜ療法家が自分を止めたのかわからずに，困惑しているように見えた。それまでにも，力こぶを作ったりして，自分の筋肉を療法家に見せることがあったが，療法家はやや戸惑いつつも，そのことについて話し合ってはいなかった。療法家はどのように対応できるだろうか？

A Answer

A-1 ▶ 転移感情に焦点を当ててみる

　療法家としては，Sさんの行動を転移関係から扱うことを考える。刺青やバイクを見せることで，Sさんが療法家に伝えたいものは何なのかを探っていく。〈バイクや刺青を私に見てもらうことは，Sさんにとって重要なようですね〉〈前の恋人に「刺青が嫌い」と言われて腹が立ったのですよね。私ならどのような反応をすることを予想していましたか？〉などと介入し，Sさんが療法家に無意識のうちに求めている役割についての洞察を促す。

A-2 ▶ 認知的なアプローチをとる

　Sさんにとっては，自分がTシャツを脱ごうとしたときの療法家の戸惑いを理解できなかったようである。他方，療法家にとってはSさんの気持ちがあまり理解できない。このギャップは治療に用いることができる。少なくともSさんにとっては，自分の行動が周囲にどのよ

うに受け取られるかについて理解を深めることは意味があるだろう。Sさんにとっては，自分の肉体的・物質的，具体的な側面（刺青，筋肉，バイクなど）は非常に重要な意味を持っている（らしい）。それらは情緒的な側面の曖昧さに比べ，具体的でわかりやすく，人から賞賛を受けて当然のものである。それ以外の反応を受けるとSさんは自尊心を傷つけられたと感じやすく，それをきっかけに対人関係のトラブルに発展する可能性がある。このようなSさんに欠けているのは，人の価値というのは非常に多様であり，Sさんの自慢するものが必ずしも賞賛されないということを受け入れること，そしてそれはSさんという人間を否定することではないと理解することである。ところが前の恋人がそうであったように，周囲の人々がSさんの具体的な側面に低い評価を示すと，Sさんは人格を全否定された気がして，その人から去ってしまうという傾向があるのだ。その点についての理解をSさんに深めてもらう。

A-3 ▶ 1つの仮説を立てて内界の探索を試みる

　刺青やバイクはSさんにとって重要な対象であり，周囲に顕示したいものであるかもしれないが，人前で突然服を脱ごうとするような，Sさんのふるまいそのものが問題である。前の恋人に対する怒りが示すように，相手が自分の言動を受け入れなかったときのSさんの苛立ちを考えると，その背景には「自分のふるまいが無条件に許容してもらえる」というSさんの幼児的な考えが想定される。そうした考えが受け入れられずに対人関係のトラブルを繰り返している可能性を念頭に置いて，Sさんの内界を探索してみることもできるだろう。

A-4 ▶ 治療継続および療法家の安全性について配慮する

　Sさんは療法家への恋愛的感情を直接には扱っていないものの，面接室という密閉された空間でひとりの女性の前で男性が裸になるということは，療法家にとって危険であり非常事態と言えるだろう。その意味で治療継続にとって支障ともなりかねない。よって，心理面接の場面で裸になるということがひとつの逸脱行為であることを明確にし，治療関係という非日常の場面でも節度を保ってもらう必要があることを患者さんに伝えるのは，治療継続および療法家自身の安全性に配慮した対応と言える。

A-5 ▶ 患者さんの自己愛的な欲求に焦点を当てる

　療法家はSさんの持つ自己愛的な欲求に焦点を絞ってみる。SさんがTシャツを脱いで刺青を見せようとしたのは，それに感心して賞賛してほしいという願望の表れであり，それが部分的に満たされない限りは治療の進展は難しいと考えることもできる。この点については療法家は，ハインツ・コフートの自己対象の理論を参考にすることが出来るだろう。すなわち療法家は，患者さんの存在を認めてあげるような対象（自己対象）となることで，その健康な自己愛の発達を促進することが必要であるという考えである。面接では，その刺青を見せてもらいそれがかなり印象深かったことを告げ，同時にやんわりと，治療室でいきなり裸になることの唐突さについても指摘をする。Sさんの一連の行動は確かにアクティング・アウトとしての要素はあるが，幼い子どもが母親に対して自分の持ち物を見て褒めてほしいという気持ちの表れのようなものだと考えることで，かなり不快感が軽減されるだろう。ただし同時に，療法家のこのような肯定的な態度が，Sさ

んの自己愛的な欲求を必要以上に助長する恐れもある。

A-6 ▶ エディプス的な解釈を考える

　療法家に分析的なトレーニングを受けた経験があれば，Ｓさんの行為も極めてエディプス的な意味があるように思えるだろう。龍の刺青を誇示する態度も，あたかも自らのペニスを顕示するような行為のように受け止めることもできる。そういえばバイクもまたファリックな象徴とさえ言える。前の恋人は刺青を拒否することで，いわばＳさんの男性性を否定したことになったのだろう。そしていまＳさんは療法家に対して自らの男性性を問うているのだ……。しかし療法家はこのような理解をどのように治療に反映させたらいいのかがよく分からないかもしれない。いきなり裸を見せようとした行為も唐突だが，〈あなたの刺青はペニスの象徴です〉とやるのはもっと唐突のような気もする。しかしいきなりＴシャツを脱ごうとしたＳさんにドギマギしてしまった療法家自身，たしかに男性の象徴を突きつけられて性的な興奮を味わっていたというニュアンスも全く否定することはできない。もし療法家がこのことに思い至ったとしたら，おそらくこのエディプス的な意味づけも身近に感じられるだろう。

考察・コメント

　ＳさんがＴシャツを脱ぎかけたその場面では，私（療法家）はただ慌ててしまい，〈いやいや，結構です〉と苦笑いしながら断ることしかできなかった。その後はその話に触れないまま，不思議そうにしていたＳさんをよそに話を続けた。
　今になって考えれば，筋肉や刺青を見せたがるのはＳさんの自己顕示的な性格から生じた行動であり，慌ててしまったのは療法家である私

の側の問題であったと捉えられる。そこで慌てることはなく，例えば上記に挙げたようなアプローチをよりどころとして心理療法を継続できたらよかったように思う。

Q21 初めて「交代人格」を体験したら？

Question

　患者さんは20代の女性Yさんである。彼女は人間関係で悩み，失声がみられるようになり，ある女性心理療法家と心理療法を開始した。ある日主治医の診察を終えて待合室で待つ患者さんを療法家がいつも通り苗字で呼んだところ，患者さんは無反応だった。待合室の椅子に座る患者さんは頭を深くうなだれ，足をぶらぶらと揺らしていた。普段の様子と違うことに気づいた療法家は，Yさんの脇に座り，再度苗字を呼びながら，顔を覗き込んだ。患者さんは，「お兄ちゃんは？」と泣いていた（ちなみに患者さんに兄はいなかった）。療法家は，Yさんがおそらく解離性同一性障害（多重人格障害）の症状を示しているのだろうと判断したが，実際にその種のケースを扱ったことはなかった。療法家はどうしたらいいのだろうか？

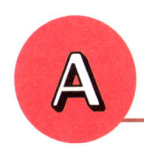

A

Answer

A-1 ▶ あくまでもYさんとの対話を試みる

　療法家はかなり動揺はしたが，とりあえず自然な流れでYさんをどこまで扱えるかを試みることにした。患者さんを面接室まで連れて行き，椅子に座らせたが，患者さんは泣きじゃくるようにして「お兄ちゃんはどこ？」と繰り返した。名前を聞くと，「ミカ」と下の名前

だけを答えた。療法家はごく自然に幼い子どもを相手にしているような口調になって、〈私を知っている？〉と問うと、「知らない。初めて見た」と答えた。〈いま困っているの？〉と問うと、「気持ち悪いの。足痛いの。ここのソファに寝てもいい？」と面接室のソファに自ら横になった。療法家が〈Yさんと話したいのだけど〉と言うと、「Yお姉ちゃんが出てきたいとき、ミカが出てくるから、お兄ちゃんが困るの。Yお姉ちゃん呼んでみるね」としばらく沈黙した。しかし、「お返事ないよ。いっぱい呼んでもいないよ。いつもミカが寝て起きるとYお姉ちゃんなの。でもいまミカは眠くないの」と答えた。療法家は患者さんがソファに横になっていたので、〈少し寝ましょう〉と言い、「眠くない」という患者さんを寝かせようと、部屋の電気を消して、退室した。15分ほどして戻ったが、患者さんはまだ起きており、「ミカ」のままだったため、それ以上の介入はせず、心理面接は中断した。療法家は主治医と相談し、主治医が夫に連絡をとって、患者さんを迎えに来てもらった。

A-2 ▶ 別人格「ミカ」と対話をする

　療法家は多重人格はこれまで扱ったことはなかったが、その治療経過は読んだことがあるし、症例検討会に参加したこともある。ある程度は治療的に患者さんを扱えるという自負があった。患者さんは今「ミカ」なのだし、それをそのまま扱えばいいのだと考えて、とりあえずは面接室に入ってもらった。「ミカ」を相手に、〈普段、ミカちゃんは何をしているの？〉〈お兄ちゃんとは誰のことで、その人のことをどう思っているの？〉〈Yお姉ちゃんのことをどう思っているの？〉〈Yお姉ちゃんはミカのことを知っているの？〉などと問い、どのような事情でミカが現れたのか、ミカの役割は何か、について明

確にしていった。それにより療法家は，主人格のYさんからは聞けないようなこと，つまりYさんが意識できないでいるものを共有することができると考えたのだ。こうやって各人格とコミュニケーションをとっていくことで人格システムのネットワークがより密となり，結果的に患者さん本人のパーソナリティが安定することを目標としていけばいいと考えた。しかしセッションの時間が終わりに近づいても，結局「ミカ」はそのままであった。「このまま小さい女の子をひとりで帰していいのだろうか？」と思うと，途方にくれた気分になり，先輩の解離性同一性障害を扱いなれている療法家に応援を頼んだ。

A-3 ▶ 別人格「ミカ」に対して個別的な対応はとらない………

　療法家は多重人格は扱ったことはなくても，その治療経過は読んだことがあるし，症例検討会に参加したこともある。それに療法家には精神分析的なトレーニングのバックグラウンドは多少なりともあり，多重人格をそのまま扱うのではなく，防衛やメタファーとして取り扱うべきであるという話を聞いたことがある。そこで療法家は動揺している自分の気持ちを何とか抑え，交代人格に対してあくまでもYさん本人であるということを意識して対応をするべきだと考えた。つまり「ミカ」と名乗る患者さんに対して，普段どおりYさんに対しての心理療法を行えばいいのだ。こうしてあくまでもYさんに向かって語りかけた。〈Yさん，今日は随分いつもとお話の仕方が違いますね〉しかし「ミカ」はキョトンとしたままであった。結局子どもに対して大人が話しかけることと実質的に同じことになり，結局面接は中断せざるをえなかった。

A-4 ▶ 治療的なかかわりを持たない

　療法家は「ミカ」の様子を見て，それを治療的に扱うことに気後れを感じた。ある意味で目の前にいるのは，いつものYさんとは別人なのだ。「ミカ」は自分をYさんとは認めないし，Yさんのいつものふるまいとは全く異なる様子を示している。しかし「ミカ」はYさんと同一人物であるということもわかっているし，それを冷静に扱えないのは，治療者としての経験の浅い自分の問題とも言える。そこでベテランの療法家に助け舟を求めようとしたが，あいにく不在だった。そこで療法家はYさんの家族に連絡を取り，とりあえず迎えに来てもらうことにした。同時に療法家は解離性同一性障害の扱いについてのスーパービジョンの必要性を感じた。

───── 考察・コメント ─────

　患者さんが心理的に幼児の状態であることは，待合室で足をぶらぶらさせているのを見て想像がついた。声かけに反応した患者さんの顔の表情や喋り方は甘えた様子で，普段とは明らかに異なっていた。この患者さんの場合，治療場面以外で解離性同一性障害の症状を示すことがあることは，すでに聞いていたので，患者さんがその状態にあることを療法家である私は容易に想像できた。

　私はそれまで，解離性同一性障害において別人格として本人（主人格）と区別して扱う方法には抵抗があった。別人格を尊重し，そこに関与することで，解離状態を容認してしまうのを恐れていたのである。障害の重症度によって異なるとはいえ，解離状態をあくまでも「本人が意識できない，本人の一部」として対応したいと考えていた。しかし，とっさに私が患者さんに話しかけたその口調は，明らかに幼児向けの優しいものであった。また，〈Yさんと話したいのだけど〉と伝えたことは，

目の前にいる患者さんをYさんとは見ていないことになり,「ミカ」という人格を本人とは別の人格として認めてしまったことを意味している。演技めいたところが感じられず,明らかに心理的に幼児になってしまっている患者さんを前に,私はその年齢に合わない対応をとることに居心地の悪さを感じて,別人格の患者さんに合わせた対応をとったのであった。

　経験のある治療者ならそれまで通りの対応をとれたのかもしれないが,交代人格の出現という体験に圧倒されて私はそのような対応をとるに至ったと考えている。しかし一方では,交代人格との対話で得たものもあったと感じている。そして解離性同一性障害の治療に関しては一定の期間スーパービジョンが必要であることを痛感した。

Q22 終結間際の面接で「寂しいです…」と言われたら？

　ある女性心理療法家は不安障害と診断された30代男性のAさんと20回ほど面接を重ねていた。Aさんは，不安発作に対する恐怖感を持ちながらも，遠方から長時間電車に乗って毎週必ず面接に通ってきた。面接では症状についての訴えのほか，思春期から見捨てられ不安が強かったエピソードなどが語られた。そのようななか，療法家の側の事情によりAさんとの心理療法を継続することができなくなった。急ではあったが予定通りであればあと5回のセッションでAさんとの面接を終了せねばならなくなったこと，またAさんが希望するのであればその後の治療を別の療法家が引き継ぐように手配する用意があることを伝えた。Aさんは療法家との終結について表面上は大きな動揺は見せず，多少の不安を口にしながらも，他の療法家との治療の継続を希望した。

　最終面接を次週に残すばかりになったセッションの終わり際のことであった。Aさんが「いやぁ，寂しいですねぇ……」と言った。終結にありがちなシチュエーションだと思いながら，まだ経験が浅かった療法家はその言葉に戸惑った。「終結にあたって，別れの場面で『寂しい』という言葉を伝えられたとき……，こんな返し方はタブーだっていうのがあったかな……？　別れに際して療法家側の感情を表現することについては，慎重にならなければいけないとも言われていた気がする……。ここでは〈そうですね，寂しいですねぇ〉などと言うのが自然なのかもしれない。でもそれは療法家の感情を表現することで禁忌だったんじゃな

いかな？」などとあれこれ考えてしまい，とっさに言葉を返すことができなかった。こんなとき，療法家はどんなふうに対応すればよいのだろうか？

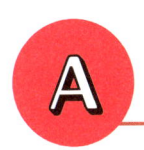

A Answer

A-1 ▶ 患者さんの寂しさを自然なこととして受け止める

　治療の終結には療法家，患者さん双方が喪失の痛みを体験するものである。療法家にも寂しさと同時に突然面接を終了しなくてはならない事情を作ってしまった罪悪感など様々な気持ちがあった。そうした逆転移をしっかりと認識しつつも，別れの場面で「寂しさ」を感じるのは自然なことであろう。そしてそうした自然な感情をきちんと共有することでAさんは自分自身が受け止められたと感じ，「寂しさ」を抱きながらも落ち着いて終結を受け入れられるだろう。そこで例えば〈そうですね。このような形で毎週お会いしてきて，突然会わなくなるというのは本当に寂しいことですね〉と応じ，最後まで信頼を基盤とした治療関係の維持に最善を尽くすようにする。

A-2 ▶ 終結に関する現実検討を促す

　治療の終結間際に「寂しい」という感情を伝えてくるということは，Aさんの中で終結に関して処理できていない気持ちがあるのではないかと療法家は考えた。そこで例えば〈今になって初めて「寂しい」とおっしゃったのは，面接の終了についていろいろ複雑なお気持ちがあるのかもしれませんね。残念ながら今日はそのことについて十分にお

話をする時間が残っていませんが，次週の最終回に，もう一度話す機会がありますね〉と伝えてみる。このような言い方で，Ａさんが終結の事実を再認識し，納得して終結を迎えやすくなるかもしれない。ただしＡさんが「終結することについては納得していたわけではありません」と主張してくることもありうる。その場合，療法家は患者さんの心の揺れ動きをファクターとして組み込みつつ，終結という現実を扱うことになるだろう。終結への道は必ずしも平坦ではなく，それ自身がワークスルーすべき治療上の課題と考える。

A-3 ▶ 分離に伴う転移性の不安の言語化を促す

　Ａさんが「寂しい」という言葉に乗せて伝えてきているものの裏には様々な感情があるように感じられた。療法家の一方的な都合だけで心理療法が終わってしまうことに対する怒りがあるかもしれないし，新しい療法家と出会うことへの不安もあるのかもしれない。その他，様々な感情があることを面接の場で言葉にすることを助けたうえでＡさんと別れるのが療法家の役割だと思われた。そこで〈「寂しい」とおっしゃる言葉の裏にはそれ以外にも様々なお気持ちがあるのではないでしょうか？　次回，最後のセッションでそのことについて是非お話をしたいと思いますので，Ａさんもどのようなお気持ちがあったのか考えてみてください〉と伝えてみる。そして，終結に際してのＡさんの感情への理解を深め，新しい療法家との心理療法につなげていくようにする。

A-4 ▶ 「見捨てられ不安」の問題を明確にし，今後の治療につなげる

　いったん終結が決まったら，それまでに話し合われていない問題については取り上げないという方針に従う。Aさんが面接の中で語ったいくつかのエピソードから見捨てられ不安の強さについてはこれまでにも何度か共有されていた。その問題について十分に取り扱えないままに今回このような形で終結をせざるを得ないことに療法家としても複雑な思いがあった。そこで，例えば〈「親しい人に見捨てられることが怖い」ということについて話をされていましたが，今回も同じようなことを感じていらっしゃるかもしれませんね。残念ながら私との間ではそれについて十分に話し合うことができませんでしたが，この問題はAさんにとってとても大切なことだと思います。今私との間で体験した気持ちを今後の面接の中で大事に話し合われていくように……と思っています〉と言ってみる。そしてAさんが抱える「見捨てられ不安」を明確にし，新しい療法家とのセッションに丁寧につなげるよう試みる。

A-5 ▶ 認知的アプローチをとる

　何かの終わりは必ず何かの誕生を伴うものである。Aさんは別れの「寂しい」側面にばかりとらわれているようだった。「別れても全てが失われるわけではない」とか「別れには新しい始まりも伴うのだ」という側面についての気づきを促すことによって，Aさんの中にもう少しバランスのとれた認識が得られ，「寂しさ」をやわらかく体験することができるかもしれない。そこで例えば〈確かに面接が終わることは寂しいことですね〉と同意したうえで〈でもAさんと重ね

てきた時間が失われるわけではありませんし，Ａさんにとっては新しいことの始まりでもありますね〉と語りかけてみる。

考察・コメント

「寂しいですねぇ」というＡさんの言葉が発せられたのは，面接時間を終わって，私（療法家）が椅子から立ち上がりＡさんを見送ろうとしたときだった。そのため，十分にそのことをその場で話し合う時間はなかったし，また残り１回となった次回の面接を私は無難に終えたいと思っていた。そのため，とりあえず〈「寂しい」という感情については次回お話をしましょう……〉と伝え，話題を先送りにした。次回のセッションまでの間，どのようにＡさんのこの言葉を取り上げていくべきか悩んでいたが，結局，最終面接では「寂しさ」は話題にならず，さらりとした雰囲気のまま終結となった。セッションが終わって私はほっとしつつも，「Ａさんとの間には別れの感情を取り上げるほどしっかりした関係が築けていなかったのだろうか……。それとも，まだ患者さんは『寂しさ』を引きずったままだったのだろうか……。『寂しいですねぇ』というのは，単なる社交辞令だったのだろうか……」とあれこれと考えてしまった。特に，今回は療法家が急に面接の終結を告知したこともあり，Ａさんの感情を丁寧に扱わなかったのではないかという，もやもや感があり，余裕を持って対応することができなかったように感じている。

Q23 患者さんが，引きこもりの息子のことを「主訴」としていたら？

　ある独身の若い女性心理療法家は40代の患者Aさんを担当したが，彼女の「主訴」は息子さんのことであった。Aさんは，最初は中学1年の息子さんのことで，公的機関である教育相談室に来室した。そのときの訴えは，「息子が不登校になり，自分の部屋に引きこもってしまいました。どう対応したらいいのでしょうか？」というものであった。インテーク面接後，その若い療法家が心理療法を担当することになった。

　面接でAさんは「息子のことは家族の中で私が一番よく知っているんです。だから私がなんとかしなければ……」と話した。息子さんは自分のペースで外出し，自室でも様々な活動をしているようであったが，Aさんは母親としてそれを良いこととして受け止めてはいなかった。それについて療法家が問うと，Aさんは「私に対する態度が全然よくならないんです……」と答えた。Aさんが部屋に入ると息子さんは布団をかぶって出てこないとのことであった。

　療法家には息子さんが自分のペースで生活をしたがっている様子が感じられた。そこで〈お母さんが積極的に関わるよりも，本人に任せて様子をみていきましょうよ〉と繰り返し伝えた。Aさんもそのたびに「そうですよね。そう思います……」と口にし，実際にそのように関わろうとするのだが，次のセッションで報告を聞くと，息子さんについ余計な手出しをしてしまい，必要以上に関わろうとする様子だった。

　療法家はできるだけAさんへの心理的サポートを心がけていたが，こ

のような状況が繰り返されるなかでAさんの態度に次第に疑問を感じるようになった。この問題に関しては面接を繰り返しても、いっこうに深めることができなかったのである。実は、療法家にはある恐れがあった。息子さんではなく、Aさん自身の問題についてさらに突っ込んで話題にすることで、「Aさんが面接に来なくなるのではないか？」「このような事態の原因が母親の関わり方にある、と責めているように感じさせてしまうのではないか？」という恐れだった。そのためにAさん自身の抱える問題や生育歴についても、十分な理解を得ていなかったのだ。

子どもの問題を主訴として保護者が来談した際に、相談を進める過程でどのような介入方法があるのか、療法家はすっかり頭を抱えてしまっていた。

A Answer

A-1 ▶ 母親の思いや行動を共感的に受け止め、評価していく

療法家は、Aさんには息子さんへの思いや息子さんのためを思っての行動を価値あるものとして評価してくれる人が、身近にいないのだろうと考えた。そこでAさんの問題点を特に指摘することなく、共感的にじっくり話を聞き続けていくことにした。Aさんは自分が部屋に入っていくことで息子さんが布団をかぶってしまったり、自分なりに一生懸命息子さんと関わっていることを誰もわかってくれないことで、深い傷つきを体験していた。そのAさんの心の痛みに寄り添い、その話を共感的に聞いていくことで、Aさんの孤立無援だと感じる気持ちが救われ、結果的に息子さんの自主的な行動をもう少し

距離を保ちながら見守ることができるようになることを期待したのである。

A-2 ▶ 現実的に起きていることを丁寧に明確化していく

　療法家にはＡさんが「引きこもり」という言葉にとらわれ，現実に起きていることや小さな変化や進歩を捉えきれていないように思われた。そこで日常生活の細かな出来事を一つ一つ明確にしていく方針をとった。例えば，息子さんの生活全般を見渡し，そのなかで息子さんの自主性が表れている一面や，継続的な変化などについてＡさんと話し合い，息子さんの進歩を実感してもらうことにした。さらにＡさんと他の家族による対応の様子を見直し，Ａさんが積極的に関わりすぎることで息子さんがどう感じているかについて，ざっくばらんに話をしてみることも考えた。

A-3 ▶ 患者さん自身のことに焦点を当てていく

　療法家は，子どものあらわす問題や症状は，結局は家族や母親の問題が投影されたものであると考える方針をかねてから持っていた。そしてこの例でも実際に問題なのは息子さんの行動ではなく，母親であるＡさんのほうであろうと理解したのである。そこで，Ａさん自身の内面に焦点を当ててそれを扱っていくという方針を徹底させた。例えばＡさんの「私が声をかけないことで，どんどん引きこもるのではないか？　私がどうにかしないといけないのではないか？」「親として十分なことをしていないのではないか？」という不安を扱っていくことにした。ただし療法家は，この治療が全面的にＡさん自身の心理療法になってしまうことも避けたかった。そこで息子さんの問題につ

いて話しながらも，適宜〈息子さんのことを考えていくうえで，Aさん自身のことを振り返ると，より望ましい関わり方を考えるためのヒントが得られるかもしれませんよ〉と話題を広げることで，Aさんの息子さんとの関わりの問題に立ち返るようにした。

A-4 ▶ 息子さんを面接場面に導き入れる

療法家は，可能な限りAさんの息子さんに相談場面に登場してもらうべきだと考えた。Aさんと会っているだけでは何ら発展性がないと考えたからだ。そこでAさんに，息子さんに「カウンセラーが，あなたに会ってみたいと言っているのよ」というメッセージを伝えてもらうことから始めることにした。そして様子を見ながら繰り返し働きかけることで，息子さん自身に面接場面への関心を持ってもらい，本人が来室しやすい関わりをAさんと一緒に考えていくことにした。

A-5 ▶ 心理教育的アプローチを行う

療法家はAさんの「私が何とかしなければ」という焦りや不安がかなり大きいと考えられるため，その点を中心に積極的な改善を促すアプローチをとることにした。そこで例えば「親というものは子どもの問題の原因を知りたがるし，往々にして自分のせいだと思いたがるが，そういうものではない」「子どもが成長するためには，親が手を引っ込めて見守ることも必要である」「母親に背を向けることが，自力で生きていこうとする発達の芽である」などと説明することを考えた。ここでは，ある意味で息子さんが一番母親のことを意識しているのだ，という事実をAさんに理解してもらうため，〈息子さんにとって，お母さんというのはあまりにも大きな存在なのです〉と伝えるの

もよいだろう。

　これらの説明を通して，Aさん自身の存在を否定することなく「母親なりに上手くできている部分」を受け入れることができるし，「母親である自分がそういう息子の力を育ててきたのだ」と感じることができる。「大きすぎる存在の母親が何を言っても子どもは変わらないのだから，母親である自分には責任はない」と考えることができれば，肩の荷がおりるだろう。さらに行動療法の側面を取り入れ，「母親が何もやらないことにも価値がある」ことを積極的に伝え，そこを強化していくやり方もよいかもしれない。それにしても……。療法家は子育ての経験のないことが，自分の心理教育の能力をかなり制限しているのではないかという思いが頭を去らなかった。

------- 考察・コメント -------

　療法家である私は母親のAさんの側の問題を初めから感じていた。しかしAさんの内面的なことに触れていくことで，Aさんの心理療法にしてしまうことには抵抗があった。またそもそもAさん自身が表向きは息子さんの不登校や引きこもりを問題にしているものの，「自分をサポートしてほしい」という潜在的なニーズを持っているようでもあり，結局2人のケアを同時にしなければならないことに負担を感じたのである。

　仮にAさんの問題を扱うとしても，それ自体が決して容易ではなかった。子どもの問題の背後にあるAさんの問題に触れると，Aさんは責められていると感じ，傷ついたり怒ったりしてしまい，面接場面から遠のいてしまうことを，どこかで恐れていたのかもしれない。そこでAさんの「一生懸命やっている自分を認めてもらいたい」というニーズを感じた結果，「Aさんの行動を否定してはいけない」という縛りに影響されて，やりにくさを感じていたのかもしれない。また「引きこも

り」という状態に対し，どうにかして早く変化を促さなければ……という療法家としての焦りもあった。

　しかし，事例検討会などでケースを検討してもらうことで，私自身がひとりで問題を抱えることから解放され，孤立せずにケースに向き合うことができたあたりから，母親の孤立無援感や一生懸命さを認めてほしい気持ちに，より共感的に対応することができるようになっていった。結局，決め手はそこだったように思う。Aさんが支えられたと実感を持つことで，表向きの主訴の改善ももたらされ，子育て経験のない若い療法家である私の迷いや焦りも，少しずつ晴れてきたように思っている。

Q24

Question

手ごわい患者さんに力負けしそうになったら？

　Lさんは，20代後半の女性である。子どもの頃はクラス委員を務めるなど活発であったが，思春期に入って拒食症を発症して満足に食事がとれなくなり，同時に怒りっぽくなった。その後一時的に症状が安定したLさんは芸術系の大学に進み，その後数年間の社会人生活を送ったあと結婚した。しかしそこでまた拒食症状が再燃し，この数年は体重が35kgとなって，社会生活にも支障をきたすようになった。

　Lさんはこれまでいくつかの精神科クリニックを受診したが，彼女の状態を知った医療機関から治療を拒否されるということが続いていた。Lさんがある女性心理療法家が勤める総合病院の精神科にやってきたときは，体重は30kgになっていた。外来で見かけたLさんは目を見開いた印象的な表情と独特の雰囲気を放っていた。そして「大丈夫だって！　入院なんて絶対に嫌だって。私は大丈夫！」と，その細すぎる身体には似合わない大声で叫び，入院を拒否していたのである。それでも主治医や家族，周囲の人々が根気よく説得した結果，Lさんは入院となり，主治医からの依頼で療法家が入院時から心理療法を開始することになった。

　療法家が女性であり，また年齢が近いということで，Lさんはいくらか親近感を覚えているようであった。しかし面接場面ではLさんは「早く退院したい。出してくれるように先生からも主治医に言って」と主張し続け，落ち着いて座って話すこともできないありさまだった。Lさんは話をするというよりも一方的に叫び続け，泣き崩れ，療法家がど

んな言葉を発しても全く聞く耳を持たない状態が続いた。療法家は面接室でとにかく一定の時間を共にするのが精一杯だった。Lさんの入院治療に対する拒絶的態度は，主治医や病棟スタッフにも同様にむき出しにされ，治療チームの間でも治療方針をめぐって熱心に話し合いが持たれた。療法家は「Lさんはいったい誰のために，何のために入院治療をしているのだろう？　Lさんが本当に求めているのはどのような関わりなのだろうか？」と何度も思ったが，実際のセッションではそれを言葉にすることが憚られた。

　Lさん自身はそのような自らの状況を，「カラカラの状態」と表現したが，その身体もまた相変わらず生命維持ギリギリの状態であった。療法家は「自分はLさんに対して何もできていないのではないか？　役に立っていないのではないか？　駆け出しの分際でいったい何ができるのだろうか？」と頭を抱えていた。「なんで私だけこんな目に遭うの？　死にたい……」とLさんが泣くたびに，療法家は，どうしたらいいのかますますわからなくなっていった。療法家はLさんに対してどのような対応ができるだろうか？

A Answer

A-1 ▶ 支持的態度をとり続け，とにかく「関係性に生き残る」ことを目指す

　「生命維持ギリギリ」の状態になっても「大丈夫」「なんで私だけこんな目に遭うの？」と言うLさんは治療に対しても拒否的で，治療関係もなかなか深まりにくいと考えられた。そんなLさんではあるが，療法家には多少の親近感を覚えているようで，療法家の働きかけに対

し，反応が全くないわけでもなかった。そこで，Lさんにとって療法家が「少なくとも侵入者ではない」という程度の信頼関係を確立することをまずは目指していくことにした。Lさんの言葉を否定せずに受容的，共感的に傾聴し，同じ空間に共に居続けながら治療場面に「生き残る」（ウィニコット）ことができれば，まずは成功だろうと考えたのである。そこで例えば〈Lさんの心もカラカラなんでしょうか……。家族と離れて病院にひとり取り残されて本当に不安で心細いでしょうね……〉とLさんの不安や寂しさといった情緒に触れ，そのような療法家の働きかけにLさんが反応するようになることで，少しでも関係性が深まることを期待した。

A-2 ▶ 力動的理解に基づく解釈を行う

療法家は転移的な文脈でLさんの言葉を理解し，解釈を与えるという分析的な方針をとることにした。低体重による入院治療ということは，その目標は当然Lさんの栄養状態の改善であり，そのためにはLさんは体重増加を目標として受け入れなくてはならない。分析的に理解するならば，そうすることはLさんが痩せた身体により保っていた自己愛的で万能的な世界を放棄することを意味するため，その不安や抑うつに耐えられずに被害的になる一方，治療チームを迫害者として捉えている可能性がある。例えば〈Lさんは痩せていれば全てうまくいく，とこれまで思ってきたのではないですか。しかし実際には社会生活にも支障をきたすようになって，このままでは先の見通しが立たないということにも気づき始めているのではないでしょうか。だからといって，これまで大切に守ってきた世界を手放すことは容易なことではないでしょうし，そうすることによって周囲から見捨てられてしまうのではないかという不安も強くあって身動きがとれなくなって

いるのではないですか〉といった解釈を伝えてみて，Lさんの自己理解を促す働きかけを行ってみた。

A-3 ▶ 臨床動作法を導入してみる

　臨床動作法とは，もともとは催眠が脳性マヒの青年に効果があったことから養護学校などで発展し，心理療法の分野に導入された治療法である。身体の持ち主である主体が，自分の動きを意識化していくことによって，不必要な緊張や動作を改善し，より適切な動きや心の体験の仕方を習得することが意図されている。療法家はこの臨床動作法の訓練を受けたことがあった。Lさんの身体の状態や特徴を判断し適切な課題を設定したうえで臨床動作法を導入すれば，自分の身体状況を正しく認識できていないLさんには有効かもしれないと考えた。身体を通じたコミュニケーションの方法であるという点や明確な課題に一緒に取り組むという点も有効に働くかもしれない。

A-4 ▶ 芸術療法を提案してみる

　療法家は，Lさんというひとりの人間に合わせた治療があるのではないかと考えた。Lさんは，芸術系の大学を卒業し，その後も芸術的な活動を好んで続けていた。そこで療法家は何かと制限の多い入院治療でも導入しやすいスクィグルなどの芸術療法を提案してみることを考えた。スクィグルは患者さんと治療者が自分の気持ち，相手の気持ちと心の中で対話をしながら相互に線を描き合っていくものである。もしもLさんがスクィグルに興味を示すならば，言葉を介したやりとりでは「退院したい」としか言わないLさんと緊張の少ない形でのコミュニケーションを持つことができ，そこで新しい関係性が築け

ることもあるだろう。また，描画は一種の投影法でもあり，言語化されない無意識的な内容が表出されるという側面もある。それらが重要な治療の契機になる可能性も期待できる。

A-5 ▶ 治療チーム内での率直な話し合いを重ね，治療チームの機能を高める

　療法家はLさんの治療を他の治療者と共に進めていきたいと思った。療法家は治療チーム内での話し合いでは，いろいろな治療上の迷いをこれまで発言できずにいた。もしかしたら，これは療法家固有の問題ではなく，他のスタッフも同様の状態に陥っているのかもしれない。Lさんのような難しい患者さんを前にして，それぞれのスタッフも余裕がなく，治療チーム内での話し合いが十分に機能していない可能性がある。そう考えた療法家は率直に今の自分の迷いについて主治医に伝え，主治医に改めて治療チーム内での話し合いの機会を作ってもらうよう依頼した。「Lさんを何とかしないといけない」と必死に頑張るスタッフもいるであろうし，「Lさんを甘やかしては治療の妨げになる！」と思っているスタッフもいるだろう。膠着した治療チームそのもののありようが，Lさんの治療を膠着させている可能性もある。また，治療チームが感じる無力感はLさんの気持ちが反映されたものかもしれない。率直な話し合いによって，スタッフの無意識の気づきを促していくことも可能かもしれないと療法家は考えた。

A-6 ▶ スーパーバイザーに相談してみる

　Lさんのような治療意欲が明確でない重症ケースの心理療法を受け持つことに，療法家は，正直，気の重さを感じていた。しかし，いつ

のまにか,「専門家としてスタッフの一員を構成するからには, 何がなんでも自分が引き受けねばならない」という気持ちにもさせられていた。そのような治療チームにおける立場がLさんの心理療法においても療法家を不自由にしているかもしれない。この困難な状況から抜け出すには, 治療構造の外から心理療法過程を振り返って検討することが有効だと考えた。そこで, 療法家は信頼できるスーパーバイザーに相談し, Lさんのケースについてしばらくスーパービジョンを受けることにした。

―――― 考察・コメント ――――

　私（療法家）が治療開始した当初, Lさんは生命維持ギリギリまで痩せていてもそのことが全く見えていないかのようであり, 治療を必要と考えていなかった。しかし根気よく接していくうちに少しずつではあるが, それまでのLさんの苦しみや家族に対する様々な思いが語られるようになり, 心が解きほぐれていくように思われた。それにあわせて治療に対する態度も変化していった。また, 治療チームでも何度も話し合いを重ねた。結局そこで決定された治療方針通りにいったわけではなかったが, Lさんの治療を通じて, 病院という風土は奥深く, たくましいということを実感した。というのは, 私は, それまでテレビや本でしか見たことのないような不幸続きのLさんにどうしていいものか, 目を白黒させてしまうことが多かった。しかし, 主治医は焦らず, 慌てず, 諦めずといった姿勢をとり続け, 治療チームも全体で粘り強く対応し続け, 気がつくとLさんの変化を引き出していた。こうした治療チームの姿勢に私は多くのことを学ばせてもらったと思うし, 何よりLさんにとってそのように関心を持ち続けられたことは意味があったのではないだろうかと感じている。

Q25 髪型・服装が療法家に似てきた！

20歳の女性Aさんは，医療機関で不安障害の診断を受け抗不安薬などを処方される一方，大学のカウンセリングルームで若い女性の療法家による心理療法を受けている。Aさんは心理療法の開始直後からその療法家のもとに熱心に通い，「ここで話をすると気持ちがラクになります」とか「先生にああ言ってもらってよかったです」など，治療や療法家に対して陽性感情を頻繁に伝えていた。療法家にはこの反応がやや過剰に感じられ，その意味や状態をどう捉えるべきかを考えながら進めていたところ，今度はAさんの髪型・服装も療法家に似てきた。療法家は，面接中もAさんの髪型や服装が気になりだし，客観的に対応できているかどうか不安になってきた。今後どのような関わりが考えられるだろうか？

A

A-1 ▶ 介入を急がないが，患者さんの状態を知る手がかりとして意識にとどめておく

療法家に「似てきている」ことは，患者さんが療法家に陽性転移を起こしていることを意味すると考えていいだろう。これは患者さんの抱いている感情や要求，葛藤などを理解するうえで助けとなるだけで

なく，患者さんの変化を見ていく視点のひとつともなる。しかしこれらを指摘することで様々な力動が働いた結果として，それらの自由な表現が摘み取られてしまう可能性も大きい。そこであえてこの問題について患者さんに問いかけて介入することなく，面接がどのように進んでいくかを見極めていくという選択肢があろう。ただし療法家の内面に生じている戸惑いが治療にどのように影響するかを知るためには，スーパーバイザーや同僚とケースについて話し合うことが有効であると思われる。

A-2 ▶ 「似てきている」ことを面接の中で取り上げてみる

　この時点で何らかの介入をしておくことが必要であろう。Aさんが療法家に近づきたい気持ちが過剰になってきているようであり，療法家への非現実的な要求が高まってしまっている可能性がある。今後さらにその葛藤のためにイライラしたり，依存的になったりしてくることも考えられる。それに対人関係において対象に同一化したり，過剰に近づきたくなったりするようなパターンがAさんに特有のものであり，治療で扱うべき課題である場合もあるだろう。そこで療法家が，これらの点について取り扱うきっかけとして，「似てきている」ことに触れるという方針が考えられる。ただし患者さんのふるまいに言及することは，時に侵入的となりうるので，例えば〈髪型が変わりましたね〉など，Aさんの外見の変化について注意を向けるなどのソフトな介入もありうるだろう。また，「似てきている」ことにではなく，Aさんの向けてくる陽性転移全体に焦点を当てて言及することもできる。ただし療法家が自分の容姿を話題にする際には，当然気恥ずかしさや自己愛的なこだわりなどに大きく影響を受けるものであ

る。結果として介入が療法家の逆転移のアクティング・アウトにならないように注意しなくてはならない。

A-3 ▶ 介入するか，しないかを検討するよりも，療法家自身の逆転移を検討することから始める

　患者さんが療法家に対して陽性の感情を抱く際，しばしば防衛され，否認されるのが，療法家自身の自己愛の満足である。人間誰しも感謝され，理想化されることは心地いいものだ。しかし療法家の超自我が強い場合は，そのような気持ちを持つこと自体が後ろめたさを生むため，患者さんの理想化を病理として，ないし抵抗として捉える傾向が強くなる。もし療法家が自己分析を通して，ないしスーパービジョンを通してこの点を整理しておけば，特定の場面で介入するべきか，しないべきかについては柔軟に決めることができるはずだ。

　介入を行う際，その言い方と，それが与える印象に注意するべきであろう。例えば面接室で患者さんと療法家の服装が非常に似ていたとする。その場合，療法家が〈けっこう私たちは趣味が似ているかもしれませんね〉と言った場合は，どちらがどちらを真似た，という点については言及していないことになる。そこには患者さんが療法家を真似ている可能性とともに，療法家が患者さんを真似ているという可能性（もちろんこれも否定できないだろう）をも含んでいることになる。つまりこれは，「似てきている」ことを言うこととも，言わないこととも違う，第三の伝え方と言えるだろう。

---考察・コメント---

　患者さんからの陽性転移をどう扱うかは，治療過程ではよく生じているテーマのひとつであるが，まず陽性転移が生じていることを療法家が

認識できていることが肝心だろう。そうすれば，それを患者さんを理解する有用な手がかりとしたり，治療効果を上げるうえでのプラス要因のひとつとして生かしていくことも出来るからだ。つまり治療過程であえてそのこと自体を取り上げ，言及するべきかは，さしあたり問題ではなくなる。また療法家は，患者さんが向けてくる陽性感情について，それを転移として扱うこと以外にも，その背後にあるかもしれない患者さんの持っている課題を見落とさないようにする必要がある。例えば療法家に気に入られたい要求の強さ，相手に合わせたり取り込まれてしまう対人関係パターンなどである。また，時には患者さんは療法家に感じる不満の反動形成として好意的にふるまう場合もあるだろう。さらに気をつけなければならないのは，その際に療法家に生じる逆転移感情である。患者さんから陽性転移を向けられることで，療法家はその内面を大きく揺さぶられることにもなりかねない。患者さんからの陽性感情に応えたい，失望されたり嫌われたりしたくないという想いが療法家に湧いてくると，面接で起こっていることを冷静に捉えにくくさせ，治療していくうえでの判断や見立てや介入などに影響を与えてしまう可能性があるのである。

　患者さんから療法家への陽性感情が，髪型や服装などが似てくるというところにまで及んでくると，その明確に感じ取れる同一化に対して動揺する療法家も多いと思われる。これを治療の一過程として捉えて冷静に対応していくためには，スーパーバイザーや同僚などにケースについて話を聴いてもらい，治療状況を客観的に見る目を失わないようにすることが大切であろう。

　私（療法家）は同性である女性の患者さんから陽性転移を向けられることが多いが，髪型や服装にまで同一化が及んだ場合は，たちまち居心地が悪くなってしまう。患者さんの髪型に目がいってしまい，一瞬，話から注意がそれてしまうこともある。逆転移感情が生じないようにしよ

うと意識することにエネルギーの一部を取られてしまう感覚にもなる。

　このケースに関しては，Aさんが面接終了時間間際に「もうひとつ聞きたい（話したい）ことがあるんです」と言うことが多くなり，私は面接のほとんどの時間を「Aさんは私の気に入るように話しているのでは？　本当に話したいことを話せなくさせているのでは？」と考えるようになった。そう考えて見直してみると，面接の中で私が取り上げて問い直したり，解釈を返したりしたことに対してAさんはいつも関心を示して話していた。言い換えれば，Aさんは私が介入した内容について「これは違うかも」とこちらに感じさせる反応を見せなかったことになる。また，質問も多くなり，結果として私が話すことが増えてきていたことも気になっていた。そこでこれらのことや，Aさんの見立てについて同僚とじっくり話し，もう一度Aさんの現在の状況や課題について確認し直す機会を持った。そしてAさんと現在の課題や治療目標について確認し，陽性転移全体についても触れ，Aさんが自由に話せるように面接の立て直しを試みた。そうするとAさんの髪型や服装があまり気にならなくなり，その後は面接がやりやすくなった。

　私の動揺は，「自分が逆転移に支配されてケースが見えなくなってしまうのではないか？　すでにそうなっているのではないか？」という不安が大きく関係していたと思う。その後も，他のケースで同じようなことが起こると，同じような過程を繰り返しているが，多少は対処が早くなってきたようである。

またあの話

聞いてくださいよ
またあの上司が…

あー，またあの話…

…で，もう
言ってやろうかと
思うんですけど

とりあえず…

先生は
どう思います？

う，うーん…
難しいですねぇ

そうなんですよ
難しいんですよね
タイミングが

セ・セーフ…

電話相談

*1…起立性調節障害
*2…解離性同一性障害

まじめな質問? それともセクハラ?

性愛，セックスに関する Q & A

Q26

Question

患者さんから「一緒に食事に行きませんか？」と誘われたら？

　Aさんは40代の男性。職場の人間関係のストレスから気分が落ち込み，周囲の勧めで心理療法を受けることになった。面接を担当することになったのは年下の女性心理療法家だった。はじめは乗り気でなかったAさんだったが，面接を重ねるごとに療法家を意識し始め，「自分が先生からどう思われているか」ということばかりに気を取られるようになった。さらに，Aさんは「いつも自分のことを見ていてほしい」という強い依存欲求と転移性の恋愛感情から，療法家にプライベートな質問を繰り返し，「一緒に食事に行きませんか？」と誘ってくるようになった。そうしたAさんのあからさまな言動に，療法家は戸惑い，その場をやり過ごすことしかできず，防衛的になってしまうのだった。

　ある日の面接終了後，偶然療法家の結婚指輪に気づいたAさんは，急に「先生がとっていたメモが欲しい」と言い出した。療法家は〈これは仕事で使うものなので……〉と断った。Aさんは，いったんその場は了解したのだが，次の面接の時には明らかに不機嫌な様子を見せた。そのことを取り上げて理由を聞くと，「私はすべてさらけ出しているのに，先生は自分のことを何も話してくれないじゃないか！」「メモも仕事だと言ったけれど，私は先生のモルモットじゃないんだぞ！」と口を尖らせた。療法家はAさんのそうした様子に動揺しつつ，一方で療法家-患者以上の関係を求めてくることにうんざりして，Aさんとの面接に及び腰になってくるのを感じるのだった。

Answer

A-1 ▶ 転移の文脈で解釈する

　患者さんの考える機会を療法家が奪わないようにするために，そして患者さんの要求を安易に満たさないという禁欲原則を守る立場から，「いつも療法家とのつながりを感じていたい」というAさんの思いを，転移の文脈で解釈していく。例えば，「一緒に食事に行きませんか？」と誘われたときには，〈Aさんは，私を療法家という仕事上の関係ではなく，もっと身近なところでつながっていたいのかもしれませんね。もしかすると，幼い頃いつも傍で見守ってくれていた母親との関係を私との間でも思い描いているのではないでしょうか〉と伝えてみる。また，「私は先生のモルモットじゃないんだぞ！」と怒り出したときにも，〈モルモットのように感じたのは，どういうところからでしょうか？〉と明確化していき，療法家が既婚者であるという現実によって引き起こされたAさんの感情や体験を取り上げていく。

A-2 ▶ 患者さんの言葉をできるだけ素直に受け止めてみる

　療法家はAさん自身が求めているものをさらに言葉にするように促し，療法家に対する感情を把握しながら，そうした感情を持つに至っているAさんの状況をできるだけ素直に受け止めてみる。例えば，療法家に特別な愛着を抱いていたにもかかわらず，自分がまるで「モルモット」のように邪険に扱われたと感じたときの失望についての共感を，〈食事に行きませんか？　と私におっしゃるぐらいに気を許し

ていたのに，Aさんと仕事としての関係しか持たないことが寂しく感じられたのかもしれませんね〉などと伝えてみる。こうして，Aさんの心の奥底にある療法家への怒りや喪失の悲しみを感じとりつつも，基本的にはAさんの言葉や感情を表層的なところから出来るだけ素直に受け止めていくことによって，治療関係の維持に努める。

A-3 ▶ 来談目的を再確認したうえで患者さんが取りやすい対人関係のパターンに着目する

　Aさんが療法家との関係に夢中になって内的な作業を行おうとしないのは，職場の人間関係において「自分がどう思われているか」ということばかりを気にして肝心の仕事ができなくなっているのと似ていると言える。こうした理解のもと，療法家は中立性を念頭に置きつつ関わり続け，Aさんの来談目的を再確認する。例えば，〈ここでは，Aさんが困っていることを考えていくお手伝いができればと思って，私はお会いしています〉と療法家の役割を明確にしたうえで，〈でも，Aさんが仕事以上の関係を私に求めてこられているのは，どういうことなのでしょうね〉と問いかけてみる。療法家との関係の中で起こったファンタジーを取り上げることによって，Aさんの関係性のパターンや歪みのほうに焦点化し，治療的な取り扱いを試みていく。

A-4 ▶ 治療の枠組みを意識しつつ部分的に自己開示してみる

　療法家とプライベートな関係を持ちたいという要求は，療法家への信頼や愛着の表れでもあるだろうが，明らかに度の過ぎたものと言える。療法家はAさんの傷つきやすさに配慮しながらも，現実的に無

理な要求に対しては治療の枠組みを意識しつつ限界を示していく。例えば，〈実は，私は結婚もしていますし，職場の規則で一緒に食事に行くというのは現実的に無理なのです。ですので，Ａさんのお気持ちだけ受け取ることにしたいと思います〉と部分的な自己開示をまじえて丁重にお断りする。または，〈こうやって断ってしまうと，せっかく私に心を開けるようになったＡさんががっかりしてしまうのではないかと心配しているのですが……〉と療法家の率直な気持ちを述べてみて，Ａさんが療法家の言葉をどう受け取ったかについて聞いてみる。

A-5 ▶ 患者さんが療法家との関係性について察するのをひたすら待つ

これまで「自分がどう思われているか」ということに神経をすり減らし，いつも周りの機嫌をうかがってきたＡさんだけに，療法家とのつながりを維持しようとして食事に誘ってきた可能性もあるだろう。あるいは，あまりにもインパクトが強いために，療法家のほうが介入できなくなってしまうということもあるかもしれない。妙な泥仕合に巻き込まれないためにも，面接ではこのことについては特に取り上げずに，Ａさんが「療法家とはそういう関係ではないらしい」と察するのをひたすら待つ。

---------- 考察・コメント ----------

正直に言うと，私（療法家）はＡさんの露骨なアピールに困惑するばかりで，どう対処していいのか考える余裕すらなかった。そのため，私が最初にとった対処法はＡ-5の「察するのをひたすら待つという作戦」であり，ただただＡさんのラブコールが収まるのをじっと待って

いたのである。しかし，その曖昧な態度は，Aさんのファンタジーをますます活性化させてしまったらしい。「私は先生のモルモットじゃないんだぞ！」と怒りをあらわにしたAさんを見て，まずい……これは本気だ……と冷や汗をかいたのを今でも覚えている。

結局，この面接で実際に私が試みた対処法は，A-2のように患者さんの言葉を出来るだけ素直に受け止めることだった。しかし，Aさんの療法家に対する失望の痛手が大きかったらしく，その後はキャンセルが続き，うまく機能したとは言い難い。私の中には，困った人だ……という辟易した思いと同時に，それまでAさんの思いに向き合おうとせずにどこかはぐらかしてきたことへの申し訳なさや，自分はどう介入すればよかったのだろうか……という反省が残った。

その他の介入法は，この症例についていろいろな人に相談した際に，教えていただいたものである。A-1の転移解釈による洞察的介入はいわば正攻法なのだが，私にはハードルが高く，これを実行するだけの力量がなかったように思う。A-4の対処法についても，自己開示することへの抵抗があり，思いついたとしてもある種の勇気と覚悟を要しただろう。一方，A-3の「目的を再確認していく」介入法は，今思えば，Aさんとの関係にとらわれ本来の仕事ができなくなっていた私にこそ，必要だったのかもしれない。セラピーの目的・療法家の役割を再確認することによって一呼吸置くことができ，療法家-患者関係にも適度な距離感が生まれたのではないだろうか。

いずれにせよ，セラピー場面では患者さんにとって必要で役立つ介入が求められるわけだが，療法家の限界やキャラクターなど治療者側の要因も無視できないものである。むしろ，そうした限界やキャラクターに見合った対処法を求めていくことで，療法家が安心して取り組めることが，ひいては患者さんにも良い結果をもたらすのではないかと感じた。

Q27

患者さんが自分の痴漢行為をニヤニヤしながら話したら？

　ある若い女性心理療法家は，うつ状態と診断されて入院していた中年男性Ａさんの心理面接を担当することになった。面接を重ねていくうちに，Ａさんは療法家に甘えて頼りたい気持ちをしきりに表明してくるようになっていた。療法家は患者さんからの依存願望については，治療プロセスでしばしば体験していたため，さほど当惑を感じることはなかった。しかしそのうちにＡさんの表情，視線，態度には，療法家に対するあからさまな性的興味も感じられるようになり，療法家は内心かなり不快に思いながらも面接を続けていた。

　そのような経過でのあるセッションでのこと。Ａさんは「実は，以前電車の中で痴漢行為をしたことがあるんです」といったことをニヤニヤしながら話し始めた。本来は深刻な内容であるはずにもかかわらず，Ａさんの葛藤はちっとも伝わってこなかった。そればかりか，その話しぶりは療法家の反応を楽しんでいるようにさえ感じられた。療法家は初めは黙ってＡさんの話を聞いていたが，だんだんと抑えがたい嫌悪感と憤りでいっぱいになり，これ以上は聞いていることが耐え難くなってしまった。このようなとき，療法家はどのように対応するとよいのだろうか？

A

A-1 ▶ 転移の文脈で捉え直してみる

　療法家はそれでも必死に気持ちを抑え込んだ。自分の嫌悪感や憤りをそのまま患者であるAさんにぶつけるべきではないことは理屈では十分わかっていたからだ。そして以前スーパーバイザーから受けていたアドバイスを思い出してみた。このような時はひとまず冷静になって，この状況を転移感情に焦点を当てて捉え直してみるといいだろうというものだった。そこで〈Aさんは今日どうしてそのお話をしようと思われたのでしょう……，こういったお話をお聞きして，私がどのように感じると思いましたか？〉と尋ねてみることにした。Aさんの療法家に対する転移空想を描き出してもらうことも可能であろうし，そういった素材を用いながら，無意識にAさんが療法家に期待している役割について洞察を促していくという方針をとることにしたのである。

A-2 ▶ 不快感を表し，聞きたくないと伝える

　Aさんの話を聞き続けることは，療法家にとってあまりに負担が大きく難しかった。このままでは，Aさんの問題に一緒に取り組んでいく情熱さえもなくなってしまうかもしれない。自らの嫌悪感を偽って傾聴することは，ロジャーズの言う"genuine"な（偽りのない）治療者の態度ではないように思われた。そこで思い切って〈Aさんのお話から，Aさんがどのようなことを苦しんでおられるのか私にはどうも伝わらず，このお話をこのままお聞きすることがどのよ

うな意味があるのかわからなくなっているのですが……〉と伝えてみることにした。

A-3 ▶ 他者の気持ちに対する共感性や想像力を育てる機会として利用する

　療法家は「性犯罪者は相手に対する共感能力の欠如が大きな問題である」ということをこれまで学んだことがあった。嫌悪感でいっぱいになっている療法家の前で，痴漢行為の話をし続けるAさんにもまさにそういう問題があるようだ。こうした機会をとらえて，「相手の気持ちを想像する」という機能を少しでもAさんの中に育てていくことが重要だと療法家は考えた。そう考えると不愉快さが少しやわらぐようにも思われた。そこで，〈そういうことを話されると，私がどう感じると思いますか？〉と問い，まずAさんが冷静になって，自ら相手の気持ちを想像することを期待した。Aさんは「えっ？　よくわかりません……」と答えるかもしれない。その場合は，療法家の感じていることを伝えてみて，〈それを聞いてどう感じますか？　Aさんの言葉や行動で相手がどんなふうに感じるか，もう少し想像してみるといいかもしれませんね〉と返し，Aさん自身は自覚がないこの問題について共有することをまずは目指した。

A-4 ▶ 療法家との面接を中断し，他の面接者に引き継ぐ

　療法家はこれまでふたりの関係性の中で起きていることを治療的に取り扱うべく様々に努力してきたつもりであった。しかしAさんとの面接は療法家に対する性的関心が強すぎて，本来の目的であるAさんの心理的問題を十分に取り扱うことができなくなっているように

思われた。まだ年若い療法家は，たとえスーパービジョンを受けながら面接を続けていったとしても，こうしたテーマを自らの感情をコントロールして取り扱っていく自信がなかった。Ａさんとの面接を他の心理療法家に引き継いでもらったほうがＡさんの利益になるだろう……。そう判断した療法家は，Ａさんにとって見捨てられ体験とならぬよう慎重に言葉を選びながら，そのような方針をとる理由について十分な説明を行うことにした。

A-5 ▶ より安全な面接環境を工夫する

　療法家はなぜＡさんとの面接をこれほどまでに不快に感じてしまうのか改めて考えてみた。Ａさんは性的なニュアンスの感じられる陽性転移をあからさまに療法家に向けてきていた。さらに痴漢という反社会的行為をしたことがあることを，なんのためらいもないように言う。そんなＡさんと狭い面接室でふたりきりでいるという状況は，療法家にとっては治療者の役割をとる以前に，恐怖感や不安感を抱かせるものであった。こうしてＡさんとの治療で体験する自分の不快感には，かなり具体的な状況因があることを自覚した療法家は，他のスタッフとも相談し，Ａさんとの面接に際し自分が安心感を持てるような環境を工夫することをまず考えることにした。

-------- 考察・コメント --------

　実際には，ここに登場する療法家である私は，Ａさんといて嫌悪感と憤りが抑えられず，思わず〈痴漢なんてやるのは人間として最低のこと，女性にとってどれだけ嫌なことか分かっているのですか！〉と怒りを込めて強く怒鳴ってしまった。その後の面接の中では，Ａさんは療法家への恋愛感情をあらわにすることはなくなったが，今度は優しい看

護師に恋愛感情を向けるというアクティング・アウトが生じてしまった。しかしそうした経過のなか，Aさんの性的視線に縛られていた私は徐々に自由さを取り戻し，療法家-患者関係の分析によって新たな展開が見られたのだった。

　自分に対して好意や関心を持っていると思われる異性から性的な話題を向けられると，戸惑いや困惑など様々な感情を抱くものだ。また，男性にはなかなか理解されにくいことかもしれないが，痴漢やその他の性犯罪といった話にはほぼ無条件で憤りを感じてしまう女性も少なくないように思う。それは当然，心理療法家であっても同じである。しかし臨床の場で治療者という役割を担っているからには，治療者固有の感情や価値観に支配されて治療目標を見失い，治療状況の分析が冷静にできなくなってしまっては困る。特に精神分析的アプローチでは治療者に向けられた患者さんの様々な感情を「転移」として分析することが治療の大きな選択肢のひとつであるのだから，なおさらである。

　性的な話題に刺激された感情を無理に隠して平静を装い続けても，おそらくそれは患者さんにも伝わり，その関係性に影響を与えてしまうかもしれない。かといってあまりにも治療者固有の感情が表面に表れてしまうのも問題である。まず我々にできることは，性の話題は個人の偏見などが表れやすい極めてデリケートな話題であることを自覚し，苦手意識を持っている自分自身に十分に気づいていることである。そして性犯罪を含め，性にまつわる様々な問題についてむしろ積極的に知識を得ることも必要であろう。性は人生における重要なテーマのひとつであり，治療者自身の人生経験とも大きく関わっていることである。出来る限りこうした問題に対する自由で中立的な立場から，患者さんの言葉に耳を傾けられるようにしておきたい。

　ところで，電話相談などでよく見られることだが，最初から性の問題ばかりを話題にするような人が少なからずいる。その場合はいたずらに

治療者の熱意を悪用されてしまわないためにも，治療者の性別や年齢などを考慮して担当者を決定したり，場合によっては途中交代したりといった対応も必要と思われる。

Q28 仕事を終えて帰ろうとしたら，男性患者さんが外で待っていた！

　ある若い女性心理療法家がその日の面接をすべて終え，記録を整理した後に職場を出ようと出口へと向かった。夜の9時頃で，外はすっかり暗くなっていた。その時，全く予期していなかったことに，職場の建物の出入り口付近に，最後に面接を終えてとうに帰ったはずの患者さんがいるのが見えた。療法家には，どうも自分が建物から出てくるのを待っているようにしか思えなかった。
　その患者さんは療法家と同年代の男性で，療法家には患者さんから徐々に恋愛性の感情が強く向けられているという確信めいたものがあったものの，そのことを面接の中で取り扱うのは憚られるような緊張感が漂っていた。それまでの面接を通じて治療関係は安定していると思えていたし，患者さんの人となりや面接で話される内容からも，療法家自身が身の危険を感じるようなことはなかった。しかし，いざこうしてその患者さんに外で待たれているように思える状況に出くわすと，経験の少ない療法家は強い戸惑いと不安を覚えずにはいられなかった。建物から出て行くのを躊躇してしまい，どうやって帰ったらいいのかわからなくなってしまったのである。このような場合，どのようにふるまうのがいいのだろうか？

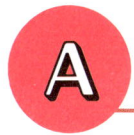

A-1 ▶ 軽く会釈をしてそのまま立ち去る

　患者さんが出入り口付近にいることに気づいた以上，そして患者さんのほうもそのような療法家の姿を認めたならば，そばを通り過ぎるときは軽く会釈ぐらいはするほうが自然だろう。もしも患者さんのほうから，「面接の中では話せなかったことがあるので先生にどうしても聞いてほしい」とか「面接の後でどうしても気になって仕方がないことがあったので，今日中に先生に確認したくてずっと外で待っていました」などと言われたら，〈そういった大切な相談事でしたら，来週の面接の中で話し合いましょう〉と言い，治療構造を明確にするのが適当と思われる。万が一，帰宅しようとする療法家を患者さんが追いかけてくるようなら，〈そのようなことをされては困ります〉とはっきり伝えるしかないだろう。

A-2 ▶ いったん職場に戻り，他のスタッフと一緒に外に出る

　療法家に対して，ともすると治療関係を超えて強く好意を向けているおそれのある男性に，女性が夜間に1人で対応することは一般常識の面からも危険だと思われた。そのため，療法家はいったん職場に戻り，他のスタッフと一緒に帰ることにした。もしもその患者さんに声をかけられたとしても，1人でなければ療法家もさほど身構えずにふるまえるだろうと思ったからである。

A-3 ▶ 〈どうされました？〉と声をかけてみる

　狭い出入り口を通り抜けるときに，療法家がその患者さんに全く気づいていないふりをしてそのまま立ち去るというのは不自然なことのように思われた。面接が終了してから随分と時間が経っているのにもかかわらず，患者さんがわざわざ出入り口の所にいるというのは，そうするだけの理由があるからと考えたほうが妥当だろう。実際に療法家のことを待っていたのだとしたら，どのような目的のためにそうしていたのか，という程度のことはその場の流れで尋ねてみたらいいのではないだろうか。

A-4 ▶ 患者さんに気づかないふりをして立ち去る

　療法家は携帯電話か何かを取り出すそぶりをしながら，患者さんのほうに視線は向けずに，出入り口を通り過ぎることにした。治療室外では，患者さんと治療者は接触しないという考えに従ったことになる。患者さんと療法家の関係は，面接という非日常の場面設定の中で続いていく独特な関係と言える。心理療法とは，日常会話のように場所や時間を選ばずにできるものではなく，特別な時間枠と場所があって初めて成立するものである。また心理療法では，どのようなことでも出来るだけ躊躇せずに語ることが推奨される。時には療法家に対して思ってもいなかったような激しいネガティブな感情を向けることもあるだろう。療法家との日常での接触がないほうが，そうした生々しい営みに生き残っていくためには支障が少ないと言われる。

　そのような治療関係の特殊性からすると，患者さんと療法家は面接外では接触しないという，プライバシーが保たれているような関係にあることがお互いにとって望ましいと言えるだろう。

―――――――――――― 考察・コメント ――――――――――――

　相談室，クリニック，病院を一歩出れば，療法家にもプライベートな時間がある。初心者のみならず熟練した療法家であっても，治療の場を離れれば家族や友人がいて，笑ったり怒ったり悩んで落ち込んだりもすれば，たまにはちょっぴり不道徳なことをしてしまうかもしれない。そういう点では，患者さんとなんら変わりないただの普通の人間である。しかし患者さんに対しては，療法家はある程度そうした素の自分を脇に置いて会うことになる。

　面接という枠組みを離れると，患者さんは患者というラベルを意識しないだろうし，療法家も自分が療法家であるということをことさらに自覚するわけではないだろう。しかし，面接外であっても療法家が患者さんにいざ出くわすと話は変わってくる。療法家は自分がその患者さんの療法家であるという現実を急激に突きつけられる。患者さんも同様かもしれない。そのような特殊な関係性にある二人が，面接外で突然出会うということは，両者の間に妙な緊張感をもたらすことが少なくないと思われる。

　このケースのように，男性患者さんが女性心理療法家を待ち伏せしているように思える状況下なら，そういった緊張感は考えている以上に強いものとなるだろう。療法家にそうした不安が強い場合は，A-2のような対応がお互いにとって無難かもしれない。療法家のプライバシーに重点を置いてA-4のような対応をとる療法家も意外といるようだ。極端な場合は，声をかけられても無視するという人がいるらしい。そこまでするのはどうかと私（療法家）は個人的には思うが，療法家があくまでも面接場面でしか姿を見せないといった線引きを徹底するのか，あるいは外で会えばそれはそれなりに対応するといったA-1やA-3のような対応をするのかは，療法家のスタンスの違いによると考えられる。

　そのように療法家の関わり方の選択肢は多岐にわたるわけだが，療法

家がそこで患者さんにどのような逆転移を抱いたかは，その後の心理療法を実践していくうえで様々な気づきをもたらしてくれる。それを療法家がその患者さんとの治療外で吟味していくことは有用かつ必要なことだろうし，場合によってはそのプロセスを別の患者さんとの面接で間接的に取り扱うような展開になるかもしれない。そしてそれは，治療関係をめぐる新たな現実を見つめる機会を提供してくれることだろう。

Q29

「エッチなことが好き！」と繰り返し言われたら？

　大学2年生の男性Sさんは，対人関係でうまくいかないことを主訴として，すでに数回，女性心理療法家のもとに来室していた。
　あるセッションでSさんは「実は就職についても悩んでいて……」と恥じらうように打ち明けてきた。そして自分が何に適しているのかを考えていて，いろいろと本を読んだり，先輩がどんな道に進んだかなど情報収集をしていると語った。
　Sさんの前向きな姿勢に感心し，〈うんうん〉と療法家も耳を傾けていると，Sさんはカバンの中をごそごそと探り始めた。〈何かな？〉と聞くと，「図書館で借りて，最近，よく見てるんです。とてもためになりました」と1冊の本を取り出した。どんな仕事が世の中にあるのかを紹介する，中学生以上を対象とした本であった。その本をテーブルに置いてぱらぱらとページをめくり，「この辺りが自分にはあてはまる気がしました」とSさんが指すのは，好きなことや興味のある領域が見つからない，職業名が思いつかない子のための章で，趣味などから職業興味を探ろうというものだった。
　「特にこの辺に興味があるようです」とニヤッと笑みを浮かべつつ見せてくれたのは，「エッチなことが好き」という子のための章。キワどい記載箇所はないものの，タイトルを見た瞬間に療法家はちょっと固まってしまった。Sさんはすぐに，「まあ，あとこの辺も……」と「テレビゲーム」や「アニメ」などが好きな子のための章に移ったのだが，

「でもやっぱり……」と何度も「エッチ」な章に戻る。「ここがやっぱり気になるんです」と本を療法家に差し出してくれたが……。

A　　　　　　　　　　　　　　　　　　　　　　　　　　Answer

A-1 ▶ 職業についての興味一般に話を戻し，何事もなかったかのように話す

　職業に関する興味という一般的なテーマに戻り，〈いろいろと情報を集めて，自分がどんなところに興味があるのかを考えてみたのね。それで，どんなふうに感じた？〉など言葉をかける。何も好きなことがないという点に注目し，職業をどのように捉えているのかなど質問してみる。また，職業に関する興味を探る心理テストを紹介し，やってみるか誘ってみる。「エッチなことが好き」の章には特に話を戻さない。

A-2 ▶ エッチなことが気になるということを一緒に考える

　何度も繰り返しその章に戻るＳさんに，〈この章のどの辺りが気になったのかしら〉〈何かわからないところはない？〉などと尋ねて説明してもらい，明確化を試みる。また，その特性を生かせるような仕事としてどんなものがありうるのか，更に必要な情報は何かを話し合い，次の面接のテーマとする。

A-3 ▶ なぜ職業について気になりだしたか，話し合う

〈いろいろと自分の好きなこと，興味のあることを考えてみたのね。ところで，就職のことが気になりだしたのは，なにかきっかけがあるの？〉と聞く。職業や興味そのものよりも，なにか心配事があるのか，周囲からプレッシャーが与えられているのかなどに注目する。

A-4 ▶ 転移関係の表れとして扱う

〈職業について考え，困っているのね。なかなか言いづらいことだったかもしれませんね。今回私に話そうと思ってくれたのはどうしてかしら〉と問いかける。Sさんが内省すれば，治療関係について考える機会となり，面接の目的につながっていくだろう。もし「いいえ，先生だけではありません。他の人にも見せてるんですけど，それが……」と応じるなら，日常の対人関係で困るパターンが今まさにとりあげられるきっかけとなるので，それを治療的に扱うようにする。

---- 考察・コメント ----

療法家と患者さんが同性同士なのか，それとも異性なのかによって，性にまつわるトピックの扱い方や，それに伴う緊張感はかなり変わってくるだろう。この療法家の体験は，患者さんが度を越すほどに卑猥な言葉を用いたわけでもなく，療法家へのアクティング・アウトとも言えなかった。どちらかといえば素朴な「『エッチなことが好き』という部分から職業興味を探っている自分を共有してほしい」というニュアンスがあった。しかし，若手療法家にとっては，性などのタブー視される傾向のあるテーマに対してはとっさに動揺しやすく，どのように対応すべきか，逡巡(しゅんじゅん)する場合が多いので，そのように描いた。

臨床経験の浅いなかで，私（療法家）も同様のケースがあった。そのときは「ついに来たか！」と思ってしまったものである。諸先輩方のケースの話などを聞いていると，必ず異性からの性にまつわるエピソードがでてくる。そこで「どのようにふんばるのか」などの対応についてのあれこれや，「イヤでイヤで仕方がなかった」など，生理的に受け付けられなかった思いなどが語られることが多い。そうなると，ケースを受ける前から私にはバイアスがかかっており，「ついに来た！」と思った時点ですでに防衛が起こっていたのだろう。自然体でケースの話を聞く姿勢は崩れ，「エッチなことを話したがっている患者さん」と捉えてしまい，「エッチなネタが来たぞ。私は療法家なんだ，さあ，どう応えよう！」とある意味で意欲満々になっていた。そんな防衛からの失敗談もいろいろとあるのだが……。

　このケースに話を戻すと，この療法家がとった対応は，A-3の現在の患者さんの生活状況に焦点を当てたものだった。すると，患者さんは「人間関係が苦手な自分にとって就職は不安である」と話を続け，周囲の人が就職について話すことにプレッシャーを感じ，また大学構内の就職課の貼り紙などが目につくようになったとのことだった。

　結果的には，本人の困った部分につながったのでよかったのだが，一方で，療法家の防衛について検討しておくことも必要だろう。この療法家にとっては，A-3が，日頃のセッションでは最もとりやすい応対であった。すぐに話を続けようとする姿勢は，ともすると相手の話を拒絶し，こちらの流れに強引に持っていこうとすることにもなりかねない。まずは患者さんと共通理解をはかるため，A-1～A-4の対応をとる前に，エッチなこと，就職のこと，どちらが気になるのかを明確化することも重要である。また，患者さんの最初の見立てを行う段階で，精神年齢，問題行動の背景などを検討することで，患者さんへの理解が深まり，療法家側が無用に防衛的にならずに済むかもしれない。

また，職業に関する本を見せる患者さんと一緒に読むことで，訴えについての具体的な手がかりも得られるだろう。どうしても本があると気が散ってしまう場合には，〈いろいろと自分の好きなこと，興味のあることを考えてみたんですね。あ，本（を見せてくれて）ありがとうね〉などと声をかけ，いったん，本をしまってもらい，療法家にとって安心できる状況を作り出すこともいいのではないか。

　ところで，器質的な問題も考えられるケースでは，患者さんから語られたエピソードを常識や公共性といかに照合させるかも重要なテーマとなる。心理教育的な機会と捉え，〈私は専門家なので一緒に考えていけるけれど，今の話，他の女性にはいきなりしないほうがいいわよ。なぜかっていうと……〉と声をかけておくのもいいだろう。

　ちなみにセックスに関する話題について，ある年配の女性心理療法家に意見を尋ねたことがあるが，逆にこんなことを聞かれた。

　「あなたは，セックスについての話題に興味はないの？」

　私が，「ええ，それはまあ……」と曖昧な返事をすると，その先輩は次のように言った。「基本的には，セックスは私たちが男女を問わず興味を持つ話題なのよ。人間はみな自然にエッチなの。患者さんがそれを持ち出したら『あ，その話題ね。私も実は得意よ』と興味をそそられるのは自然だし，その感じを大切にしてね。といっても患者さんとあからさまなセックスの話をする必要はないの。でもいざとなったら必要に応じてセックスの話をするだけのおおらかさが大事だろうということ。セックスの話を患者さんが出すたびに治療者の顔がこわばってしまうと，患者さんも『あ，この話ってここでもタブーなんだ……』と思ってしまうものなのよ」。

　この話を聞いて，私はちょっと納得したのである。

Q30 電話相談で男性に「妹にセックスを迫られて…」と言われたら？

心の電話相談の応対を匿名で行っていた時のこと。年齢や名前，住所，職業などはわからないものの，声の感じから相手は20代後半の男性と推測された。初めてかけてきたというその人の訴えは「実の妹がセックスを迫ってくるんです」というものだった。彼は家族構成や生活状況などにも触れつつ，「どうすればいいでしょうか？」と尋ねてくる。相談員にはその声は真面目に話しているようにも聞こえるが，初めて聞く声ではない気もする。原則としてリピーターの相談は受けない決まりになっているため，気になるところだ。それにやたらに性的な描写を会話に差しはさんでくることも少しあやしい。そういえば，過去の相談記録で近似したケースを読んだ気もしてきた。迷惑電話のリピーターではないかとの疑いが，相談員の脳裏をよぎった。

A

A-1 ▶ 電話をかけてきた目的を明確化する

〈あなた自身はどうしたいと望んでここに電話をかけてこられたのでしょうか？〉と尋ね，目的の共通理解をはかる。「いや，どうしてほしい，ということはありませんが……」と応じてくるならば，〈こ

こは相談をお受けする窓口なので，特にお困りでなければ終わらせていただくことになりますよ〉と伝え，以下に述べるA-4の対応をとるといいだろう。「自分は妹とセックスしてもいいと思っているんですが，おかしいでしょうか？」など，相談者が個人の嗜好の問題として捉えているようなら，〈個人的な嗜好については，こちらでは判断できませんが〉と伝える。もし「このような関係をやめさせたいが，どうすればいいでしょうか？」と尋ねてくる場合には，妹，両親など対象者を広げて相談につなげる必要があることを告げ，この問題について電話相談では適切でない旨を説明し，他の治療機関につなげることを考える。

A-2 ▶ リピーターである点に焦点を当てる

リピーターであるという確信が強いなら，〈前も同じような内容でおかけになっていますよね。前回，お伝えした対処法で，何かお困りの点がありましたか？〉と問う。つまり今回の相談の内容ではなく，偽って繰り返しかけてきているという事実に焦点を当て，そうする理由の明確化を試みることで，背後の別の主訴が見えてくるかもしれない。

A-3 ▶ 虐待のケースである可能性を考える

相談者の話に信憑性があると感じられ，妹が未成年である場合，家族間の性的虐待のケースである可能性も考えられる。その場合，児童相談所への報告の必要性も絡んでくるため，まずは電話相談窓口の責任者と対応を相談する必要があるだろう。また話の内容が妄想的でそこに精神医学的な疾患が疑える場合には，精神科の受診をすすめたり，

すでに主治医が存在する場合には，相談することをすすめる。

A-4 ▶ 迷惑電話対策をとる

　かえって楽しんでいるかのような様子が窺える，主訴に困っている感じが伝わってこない，相談員を「オネエサン」と呼ぶ，息づかいが荒い，興奮状態にあることを相談員に伝える，自慰行為をしているらしい，などの場合は，迷惑電話と判断できる。その場合は，あらかじめ窓口全体で決めてある対策をとる。〈担当相談員に代わります〉と男性相談員や上司に受話器を渡したり，〈こちらは相談をお受けし，一緒に解決法を考えていく窓口です。ですから，こうした電話は切らせていただくことになっています。失礼します〉と切る。

-------- 考察・コメント --------

　相手が見えない電話相談だからこそ，迷惑なケースも発生しやすい。相談員は概して相手の力になりたい，援助したいという気持ちを強くもつ傾向にあるが，援助したい一心で相談者のペースに乗って聴くことがかえって裏目にでてしまうこともある。不明な点については丁寧にかつ積極的に質問して明確化を試みる態度を忘れてはならないだろう。明確にすべき点をしないことも，「過ち」につながる可能性を心に留めておかなくてはならない。

　A-1のように電話相談の目的を明確にすることは，早い段階でしておいたほうがいい。そもそも相談のケースとして適当か，または迷惑電話かの振り分けができるし，表面的な訴えの裏に潜んでいる，別の主訴や問題が見えてくる可能性もある。例えば，電話依存，性的倒錯，精神科疾患などの可能性が考えられるかもしれない。また相談者本人の問題とは別に，妹が虐待や性的外傷体験を負っているケースかもしれない。

それらを除外する意味でも積極的に情報を集める必要がある。

　このケースでは，相談員が他の相談員たちと共有している相談ノートの内容を覚えており，同じような内容の電話を他の相談員たちとあわせて数回受けていることを思い出した。そのため，A-2の対応をとった。すると，その男性は「他機関を紹介されたが，まだ行っていません……」と急に勢いをなくした声になり，「やはり先にそちらに行きます」と向こうから電話を切る形になった。

　まれに，「他機関を受診した結果を教えてほしいと，前回の相談員さんに言われたので，かけました」とさらに頑張り，電話を長引かせようとする場合もある。そうしたときは，真偽はさしあたって問わず，中立的な口調で（苦情につながる可能性もあるので）〈ここは1回きりの窓口なんです。そんなことを言った相談員がいましたか？　私たちの間で連絡の行き違いがあったようですね。申し訳ありませんでした〉と相談を打ち切る方向に進めるのもいいし，〈（話を聞いた後）受診した結果についてはわかりました。では，他にどんな解決策をお求めなのでしょうか？〉とA-1に切り替えてもいい。主訴を探るなかで，A-3の可能性も捨てずに，質問していくといいだろう。

　A-4に関連して，迷惑電話には，〈性に関するご相談について，ここでは専門家が対応できませんので，専門機関をご紹介します〉と行政や医療機関の名前をだすと，すぐに電話を切ることが多い。A-4の対応策はいくつも用意しておくといいだろう。「苦情につながるかもしれないので，こちらから切ることができない」という考えにとらわれるのではなく，あらかじめ「迷惑電話は特例としてこう対応しよう」と相談員同士，組織として徹底しておくことで，相談員のメンタルヘルスを守ることにもつながる。

ひだまりの民

B 型

いざという時，頼りにしてます！

スーパービジョンに関する Q & A

Q31

Question

スーパーバイザーにドタキャンされたら？

　ある30代の女性心理療法家は，ここ2年ほど50代の男性心理療法家に個人スーパービジョンを受けていた。ある時いつものように約束の時間にスーパーバイザーのオフィスを訪ねたが，呼び鈴を鳴らしても返事がなかった。どうやら中には誰もいない様子であり，携帯電話でオフィスにかけてみてもつながらない。彼女はとりあえずドアの前でスーパーバイザーを待っていたが，30分ほど経過しても彼は現れなかったので，仕方なく帰った。後日スーパーバイザーと連絡がつき，そのことを伝えると，スーパーバイザーは「その日はしばらく前に休みにすると伝えてあったはずですよ」と事もなげに答えた。彼女がそれは聞いていなかったと言うと，「そんなはずはないでしょう」と不快な感情をあらわにした。実はこれまでも数回同じようなことがあったので，彼女は休みの連絡については，以前から丁寧にメモをとるように心がけていたのである。「でも先生，以前も同じようなことが……」と口にすると，スーパーバイザーはいっそう不快そうな表情で「もうこのことは話したくない」と，横を向いてしまった。以来，彼女の心の中にはなんとなくしこりが残り，次回のスーパービジョンを受けるのが憂鬱になってしまった。

A Answer

A-1 ▶ 仕方のないこととして水に流す

　スーパーバイジーは気持ちを切り替え，何事もなかったかのように，これまで通りスーパービジョンを続けることにした。彼女はこう考えてみた。「私はまだ研修中の身であり，スーパーバイザーから学ぶべきことは数多くあるだろう。確かに彼がスーパーバイジーである私に休みを伝え忘れた可能性は高い。しかしもしそうだとしても，それに対して何か意見を申し立てたり，反発したりすべきではないだろう。スーパーバイザーが多くのスーパーバイジーを引き受けていることを考えれば，その中の1人に伝えるのを忘れてしまうことが何回かあったとしても，仕方のないことなのだ。これが世の中の仕組みなのだ。この一件にいつまでもこだわるのではなく，スーパーバイジーとしてより多くを学べるように，気持ちを入れ替えていくことが必要だろう」。こうして次回のスーパービジョンは何事もなく行われ，前回のセッションのことも話題に出なかった。

A-2 ▶ 再度話し合いの提案をする

　彼女はこの一件でスーパーバイザーと言い争うつもりはなかったが，ある程度の明確化は必要だろうと思った。彼女は次のように考えた。「スーパーバイザーはこの件について話したくないらしいことは明らかだ。これからの関係を考えた場合にも事を荒立てるのは得策ではないだろう。彼も人間なのだから，こういったミスが生じるのは仕方のないことである。しかし今回の出来事がスーパーバイザーの過失であ

る可能性は高いのだし，再び同じようなことが起きないように緊急の連絡方法などをスーパーバイザーに確認しておくべきであろう。それが済んだら，彼のミスについては追及せず，以前と同じようにスーパービジョンを継続すればいいのだ」。そしてさらに彼女は思った。「私は結局これまでも友達や同僚ともこうやって穏便にやってきたのだし，ある意味ではスーパービジョンも何も特別のことと考えないで，一種の契約と考えて，双方で話し合いながらトラブルを解決していく姿勢が望ましいだろう」。こうして彼女は次のスーパービジョンに臨んだ。ところが待合室でセッションの時間を待つ間に，こんな考えがふと起こってきた。「でも，ひょっとしたら，スーパーバイザーは私がこの問題をどう扱うかに注目しているのかもしれない。私が勇気を持って彼の間違いを指摘するかどうかを試しているという可能性はないだろうか？」。しかし実際の次のセッションでは，スーパーバイザーは緊急の連絡先を教えてくれただけで，それ以上は話したくなさそうであったため，彼女はこの仮説のことは忘れてしまった。

A-3 ▶ スーパーバイザーに求めるものを，吟味しなおす………

彼女はこれからどのような方針をとったらいいか，すぐには思いつかなかったが，今回の出来事に少なからずインパクトを受けたことは確かだった。彼女は次のように考えをめぐらせた。「スーパーバイザーは自身の過失を認めなかったわけであるが，それをどの程度問題視するかは，スーパーバイジーである私がスーパーバイザーに何を求めているかによって異なるだろう。私は今彼のことを『自分のミスを指摘されてそれを認めるような柔軟性を身につけていない人』と考えている。それは確かにそうかもしれない。しかしそれ以上に，私は彼の心理療法家としての技術や能力に学ぶところがあるだろう。そして引

き続き指導を受けたいと感じるのであれば，今回のことは受け入れざるを得ないであろう。ただ他方で私がスーパーバイザーに対し，人間性を追求したい気持ちがあるなら，彼に大きな失望を感じるのは無理もないことである。その場合，私がこれ以上スーパービジョンを受ける気持ちを持ち続けられないとしても，それは責められるべきことではないし，スーパーバイザーの変更を検討することもやむを得ないであろう。心理療法家は，心から尊敬できるスーパーバイザーに巡り会うことを求めて，このような出会いと別れを繰り返すこともまた，あってしかるべきであろう」。

　結局，彼女はスーパーバイザーにどのような態度をとるかははっきり結論を出せずに，次回のスーパービジョンに出かけた。

A-4 ▶ スーパーバイジー自身の内省の材料とする

　スーパーバイジーである彼女は，次のスーパービジョンでどのような態度を示すかについてすぐには方針が立てられなかった。そして思案しているうちに，なぜこのことでそんなに憂鬱になっているのか，自分自身で内省してみる必要があると考えた。「もしかすると私は被害的になりすぎているのかもしれない。スーパーバイザーが連絡をし忘れるのは自分に対してだけなのではないかという不安にかられ，『スーパーバイザーに大事な存在として扱われていないのではないか？』と感じ，自己愛の傷つきを体験したのかもしれない。まずはそういった自身の気持ちを整理することが大切だ。私はこのような出来事を通して，自分自身の内的な対象関係の問題や，スーパーバイザーに対する転移感情への理解を深めることが可能だ。こうした考え方を持つことで，より深い水準でスーパービジョン体験を活用することにもなり，結果的にそこから多くを学ぶことができる。スーパーバイジ

ーとして，すべての体験を自身の成長のために生かそうとする態度を忘れないことが重要なのだ」と考えたのである。

しかしそれを具体的にどのようにスーパーバイザーに伝えるべきかわからないままに次回のスーパービジョンの日になった。

-------- 考察・コメント --------

現実の問題として，スーパーバイザーに何を求めるかは，人それぞれではないだろうか。心理療法家としての理論や技術を学ぶことは勿論であるが，それ以上にスーパーバイジーは，知らず知らずのうちに理想化や転移感情をスーパーバイザーに向けてしまうものである。スーパービジョンの関係の複雑さは，多くの場合それが一種の契約関係であると同時に人間関係でもある，というところにある。スーパーバイザーとスーパーバイジーは時に教師と生徒になり，師匠と弟子になり，また転移関係の中では親子にもなるだろう。その過程で，両者はお互いに対する好意や愛着，尊敬や期待，失望や脱錯覚などを繰り返す。ただしスーパーバイジーは，あくまでもスーパーバイザーに「教えてもらう」立場として，弱者の側に置かれることがほとんどである。だからこそスーパーバイザーに対して抱く感情（特にネガティブなもの）については抑圧しがちであるし，ましてやスーパーバイザーに意見をしたり，提案することは，かなり気が引けるという場合がほとんどであろう。そのためこのQのような事態に陥った際は，どう行動すべきか迷い，途方に暮れることも少なくない。しかし心理療法家とはいえスーパーバイザーもひとりの人間であり，ミスや過失はいくらでも生じる。このとき強い立場にあるスーパーバイザーが弱い立場にあるスーパーバイジーに対しどのようにふるまうのか，それをスーパーバイジーがどう受け止めるか，という問題は重要である。

スーパーバイザーとのトラブルが生じたときに，スーパーバイジーと

してどのような行動を選択するかについて，正解はないように思われる。むしろ大切なのは，このような問題を通して，立場の強い者と弱い者の間に生じる関係について理解を深め，心理療法家としての仕事に役立てていくことだろう。つまりスーパーバイジー自身もまた，心理療法家として患者さんの前に立つとき，それと気づかずに強者の立場になってしまうことがある，という事実を認識することこそ肝心なのではないだろうか。

　ちなみに筆者はこの体験からいくつかの重要な教訓を得た。それはスーパーバイザーという立場に立つ人が，それだけ厳しい自己反省や逆転移への理解を持っているとは限らないということである。「自分を指導する人＝人格的に優れている人」とは必ずしもならないことを身にしみて感じたことは，ある意味では療法家として貴重な体験でもあった。

Q32 スーパーバイザーを怒らせてしまった！

　ある20代の女性心理療法家は，40代の女性心理療法家に個人スーパービジョンを申し込んだ。運良く時間枠の空きがあり，ほどなくしてスーパービジョンを始められる運びとなった。同じ頃，以前から参加したいと考えていたグループ・スーパービジョン（以下グループ）にも定員の空きがあり，そちらにも参加できる状況になった。ところが困ったことに，スーパービジョンとそのグループは同じ曜日の極めて近い時間帯に設定されており，グループが終了してからスーパービジョンに向かうと，移動時間の関係でどうしても10分だけ遅れてしまう。彼女はどちらかを諦めてしまう決心がつかず，またグループを最後の10分早く抜け出ることにも抵抗があったため，思い切ってスーパーバイザーに10分短い時間枠でのスーパービジョンをお願いしたいと持ちかけた。するとスーパーバイザーは大変憤慨し，「スーパービジョンとは決められた構造で行って初めて意味を持つのです」「そのように中途半端な気持ちでスーパービジョンを考えている人は，お引き受けしたくありません！」と言われてしまった。このような状況でスーパービジョンを諦めるか，あるいはグループを諦めるか，粘って交渉すべきか，さらにはスーパーバイザーの指摘するように，自分のスーパービジョンに対する意識に問題があるのかどうか，などの点について，どのような方針が考えられるだろうか？

A-1 ▶ 個人スーパービジョンを優先する

　スーパーバイザーの指摘はもっともであり，「二兎を追う者は一兎をも得ず」ということわざ通りである。この場合，決められた時間内にスーパービジョンを受けることができるように，グループを諦めることは，やむを得ないであろう。スーパーバイザーには反省の意を示し，万全の状態で参加できるように調整してから，再度申し込みをお願いすることを考える。彼女のスーパービジョンに対する姿勢は中途半端であり，誠実さを欠いた不真面目な態度であったことを自覚する必要がある。

A-2 ▶ グループを優先し，スーパービジョンを諦める

　今回はいったん個人スーパービジョンにおける契約が不成立になったものと捉え，スーパービジョンを諦めるのが自然なやり方である。どうしてもそのスーパーバイザーにお願いしたいのであれば，他の時間枠が空くのを待ち，再び機会が得られるのを待つべきである。しかし，今後もし10分少ない時間でも引き受けてくれる別のスーパーバイザーが見つかれば，その方にお願いするという方法もあるかもしれない。いずれにせよスーパービジョンもまた契約のひとつであり，双方の意向が一致しなければ成立しないものとして，常識的かつ合理的に判断すればよいのである。このような見地から考えれば，彼女のスーパービジョンに対する姿勢が特別不真面目であるとは言えないであろう。

A-3 ▶ 両方を実現させる方法を考えるべきだ

　スーパービジョンもグループも貴重な学びの機会であるから，どちらも諦めないで済むように，再検討すべきである。スーパーバイザーには改めて自身の真剣な気持ちを伝え，なんとか時間枠を10分遅く開始してもらうなど，構造を修正してもらえるように粘り強く交渉する。一方グループのほうでも，これまでの時間枠より早めの時間帯で設定できないかなど，交渉を始めてみてはどうだろうか。しかし，あらゆる手段や方法を講じても，交渉が上手くいかずにどちらかを犠牲にせざるを得ないこともあるだろう。その場合には仕方のないこととして諦めるだけのことであり，自身のスーパービジョンに対する意識に問題があったと考えて悩むことはないだろう。

A-4 ▶ 原点に返ってみる

　そもそも自分が本当はどのようなスーパービジョンをどのようなスーパーバイザーに受けたいのか，立ち戻ってよく考えてみる。スーパービジョンの時間枠に対して「10分遅らせてほしい」と願っている自分と，「それはあり得ない」と主張するスーパーバイザーの考え方には，かなりのギャップがあるようだ。それを承知の上で自分がそのスーパーバイザーのやり方を尊敬し，さらに学びたいと考えるのであれば，スーパーバイザーのスタイルに合わせることは必要になるだろう。しかしまた，自分の考え方とスーパーバイザーの考え方とのギャップそのものにも十分注目すべきである。即ちスーパーバイザーの「引き受けられない」という意見は，「そのようなスタンスの違いが既に露呈しているスーパーバイジーとのスーパービジョンは上手く進行しない」という指摘とも考えられ，それなりに妥当なものと見ること

ができる。何を優先するかという現実的な解決策を見つけ出すだけでなく，この体験を通して自らのスーパービジョンに対する姿勢について多くを学ぶことができるだろう。

A-5 ▶ さらに原点に返る―「理不尽な話だ！」

「それってちょっと違うんじゃないか？」とか「スーパーバイザーの言い方は少し理不尽ではないか？」という反応はあってもおかしくない。そもそもスーパービジョンは，サービスを受ける側（スーパーバイジー）とそれを与える側（スーパーバイザー）との，それ自体は対等な関係のはずである。前者が後者にその対価（料金）を払うのは，この関係を保障するためである。そこで基本的に優先されるべきなのは，スーパーバイジーのニーズのはずだ。スーパーバイザーの考える構造を押し付ける筋合いのものではないだろう。

　このA-5のような反応は主として感情レベルのものである。もちろんそのまま表現することには慎重にならなくてはならない。しかし実に大切な問題を含んでいる。なぜならスーパービジョンは，スーパーバイジーが患者さんとの治療に役立てるものであり，その治療においてもやはり「療法家は患者さんに対してそのニーズを尊重しつつ治療的な配慮を忘れない」という姿勢がきわめて重要だからだ。そしてそれをスーパーバイザーが身をもって示すことが理想と言えよう。スーパーバイジーに対して理不尽なスーパーバイザーが，果たしてその役目を果たすことができるだろうか？　そのようなスーパーバイザーから，スーパーバイジーは何を学ぶことができるのだろうか？　これらは本質的な問題である。

考察・コメント

　大抵のスーパーバイジーにとって，スーパーバイザーの怒りを買うことは恐ろしいことである。もしそんなことが起これば，自分自身を責め，未熟さを恥じ，深い自己愛の傷つきを体験することになりかねない。スーパーバイザーとスーパーバイジーは師匠と弟子のような関係であり，スーパービジョンを始める段階では，独特の緊張感を伴うものである。たとえそれが料金をともなう契約に基づいていても，単なる契約上の関係と割り切れない複雑な感情が存在する。

　このQのような出来事とは異なる事情であったが，私自身もスーパーバイザーの怒りを買ってしまったことがある。その時にはやはりとても苦しい思いをした。すべては自分の未熟さや至らなさの結果だと感じていた。だがしばらくすると，自分のとった行動の背後には，これまで自覚されなかったスーパーバイザーへの強い不満があったことに気づいたのである。そのことを十分に意識化していなかったために，行動化してしまったのだ。ではなぜその不満は無意識下に抑え込まれていたのだろうか。よく考えてみると，「スーパーバイザーに不満を持つことなどタブーである」という私自身の中にある縛りが，その感情を自覚することを許していなかったのだ。

　ここで書かれたようなジレンマに陥った場合，現実的な対処方法を考えることと同時に，自身のスーパービジョンに対する姿勢を振り返ることは確かに重要である。それが明らかになることで，今後の行動をどう選択するかも，自ずと明らかになると思われる。

薬の不安

私，薬に頼りたくないんです

ふむふむ

それで楽になっても何か根本的に治ってる訳じゃないしって思ってしまって

ふむふむ

それにこんなに飲んでて大丈夫かなって

あーそれなら大丈夫ですよ

私も飲んでますから

え？

それは安心とゆーか不安とゆーか…

副作用？

眠気がひどくて何もできないんです

ではちょっとお薬減らしてみましょうか

今度は何もやる気になれなくて

じゃあまた少し薬を調整してみましょう

調子はそんなに悪くないんですけどやりたいことがあるのにやる気になれないんです

調子自体はそんなに悪くないと

ところでそのやりたいことっていうのは？

部屋のそうじを…

えーっとそれは…

病気以前の問題では？

> ちょっと待った〜！

危機介入に関する Q&A

Q33

「もう死ぬことに決めましたから面接も今日で終わりにします」と言われたら？

　Aさんは3人の子どもを持つ30代のシングルマザーであり，パニック障害および抑うつを主訴として来談した。Aさんは大変に人当たりがよく，真面目で控えめな優等生のように見えた。ところが実際の生活では部屋を片付けられなかったり，仕事が長続きしなかったり，対人関係で被害的に感じ易いなどの問題があった。Aさんは主治医からADHD（注意欠陥／多動性障害）の診断も追加され，薬物療法を受けていた。療法家との面接では療法家との転移関係を通して，母親に対する葛藤のテーマが中心に取り上げられ，同時に行動面での心理教育的な指導が行われた。その後投薬の効果もあり，Aさんは家事や仕事が驚くほどこなせるようになった。面接を通して母親に対する理想化と罪悪感が緩み，否認されていた憎しみや怒りが意識化され，パーソナリティの統合もある程度達成された。

　しかし1年半ほど経過した頃，薬の効き目が弱まったせいなのか，Aさんは再び家事や仕事が上手くこなせなくなった。さらにAさん自身が転居することになったために3年間関わった療法家と別れることになった。療法家はAさんの転居先のいくつかの援助機関と連絡をとり，Aさん自身も新しい土地でやっていこうという気持ちを少しずつ持てるようになってきた。

　ところが療法家がほっとしたその矢先，あと数回を残すのみとなった面接の冒頭で，突然Aさんはこう宣言した。「もう死ぬことに決めまし

たから面接も今日で終わりにします」。Aさんの語り方には，静かではあるが緊張感が漂い，本気であることが伝わってきた。

療法家はこの言葉を聞いて混乱したが，とりあえずはAさんの心の中で何が起こっているのかを尋ねてみた。するとAさんは「私が死ねば，子どもたちが施設で育ててもらえると思って。私の存在が子どもたちの足を引っ張っているんです」と言い，突然泣き崩れた。実際その頃には思うように子どもたちの世話ができなくなっていたため，子どもたちがつらい思いをしなければならない事態が増えていたことは事実であった。そしてそれを残り少ない回数の面接の中で取り上げ，何らかの形で前向きに解決するにはどうしたらいいかを考えている最中だったのである。このようなとき療法家はどのような対応をしたらよいのだろうか？

A　Answer

A-1 ▶ 洞察的介入を試みる

　療法家はAさんの言葉を，差し迫った終結への反応として捉え，それに対する洞察的な介入を行うことにした。「療法家との別れと転居という大きな喪失を目前にしながら，面接の中でその不安や悲しみが十分とり扱われていなかったことにより起きた反応である」という理解のもとに，次のように言った。〈新しい場所での生活への準備をしてきたけれど，心配なことはたくさんあるし，自信が持てなくなることもあるのでしょう。それなのに前だけを見て頑張ってきて，疲れてしまったのでしょうか？〉〈最近とても頑張っていらしたようだけれど，ずいぶん無理していらしたのかもしれませんね〉。さらに療法家との関係に焦点づけるのであれば，〈ここでの生活や私から離れる

ことを，とても心細く感じているのかもしれませんね〉〈そこまで思いつめているあなたの気持ちを，私が少しも理解していないと感じてとてもつらかったのでしょうか？〉などと付け加えることも考えた。このようにして「喪の仕事」を進めていく経過で，「死ぬ」気持ちから遠ざかっていくことを期待したのである。

A-2 ▶ 共感的に介入する

療法家はAさんの言葉に当惑している自分について反省することで，当のAさんの気持ちの深刻さにも思い至った。そしてAさんの「死ぬ」という言葉に込められた気持ちに共感することが最も重要だろうと考えた。そこでさらに詳しくその気持ちを話してくれるよう促してこう言った。〈その気持ち以外にもいろんな気持ちがあるのでしょうね。もっと教えていただけますか？〉。あるいはそれ以前に，〈子どもたちに対して罪悪感を強く感じてしまったんですね〉〈自分はもう駄目なんだ，と絶望的な気持ちなのでしょうか？〉〈とても疲れてしまい，いっそもう終わりにしてしまいたいと思ったのでしょうか？〉などと，いま目の前のAさんから伝わってくる感じを伝え返した。そのようにして療法家に「理解された」と実感することで，絶望感や孤独感がやわらぎ，「死ぬ」という考えから遠ざかっていくことを期待したのである。

A-3 ▶ 現実的介入を行う

療法家はとにかくこのセッション中に，直ちに「死ぬ」ことを実行しないための確証を得られることが第一であると考えた。前出の2つの介入を用いても気持ちが変わりそうにないと判断した場合，なるべ

くセッション中の早い時間内に，主治医や家族に伝えること，場合によっては警察への連絡，入院などの手続きも検討する旨を伝えるべきだろう。この介入の際には，面接の契約時に「自傷他害のおそれがある場合には，守秘義務を超えて安全を確保する」という約束に，患者さんが同意しているという事実があればなお良いだろう。このような介入は，「『死にたい』と誰かに話すのは，心の奥底では『生きたい』と思っており，相手に止めてほしいからである」との理解に基づいている。

また「考える」機能を放棄してしまい，療法家に託してしまっている患者さんの場合であれば，〈絶対に死んではいけません〉〈しっかりしなさい〉といった療法家の言葉に素直に従う場合もあるだろう。

A-4 ▶ プレイアウト（?）

A-3とは全く対照的に，療法家はAさんの考えている具体的な死に方について一緒に考えるという方針をとった。死ぬ方法やその痛みや苦しさなどをファンタジーの中で療法家と一緒に体験すること（プレイアウト）で，強い衝動を緩め「現実に死ぬ」ことを避けることが狙いである。例えば〈本当に死ぬつもりなんですね……もう具体的な方法も，考えておられるのでしょうか？〉〈そうか，手首を切るのですね。切るのは包丁？〉〈カッターがいいのですね。どのくらい切ればいいと考えているのでしょうか？〉〈やはり痛そうですね〉などというように。ただし一般的に言って，このような手法において気をつけなくてはならないのは，そのような行動を療法家が肯定し，是認しているという誤解を受けないことである。患者さんの中には「死」が観念的に理想化されていることもあるので，その醜さや生々しさについて，控えめではあるが具体的に示すことで，患者さんは現実に引き

戻されるかもしれない。その際患者さんが情緒的にどのような体験をするのか，患者さんが予想していないような様々な感情にまで多面的な方向性を示していく。そのために患者さんの頭の中にあるあらゆる死に方を網羅することが効果的である場合もあろう。その時点で死ぬのをやめると言い出さなくとも，「もう少し考える」ということになれば，まずは安心と言える。

　ただしこのA-4は多少なりとも挑発的であり，患者さんの感情をさらに動かす可能性があるため，療法家は十分な臨床の経験を有している必要があろう。

考察・コメント

　表題の言葉を患者さんから聞いたとき，療法家である私は「やはりこう来たか」という気持ちで，緊張しながらも比較的腰の据わった態勢でいることができた。そこで少し困ったというニュアンスを込めながら〈あなたが死ななくても，もしそれがいいと思うのなら，子どもたちを施設に預けることもできるでしょうね〉と，Aさんがすでに知っているはずのことを伝えた。するとAさんは「そんなことをしたら，子どもたちを捨てることになるのでできませんよ」と言いさらに泣いた。私は内心「死ぬことも，思いっきり捨てることなんだけどな」と思いつつも，Aさんの真剣な様子を前にしてしばし言葉を失い見守っていた。ひとしきりAさんが泣いた後で，私は〈本気で死のうとお考えなのですね……だとすれば，どうやって死ぬかももう考えてあるのでしょうね？　どうするつもりか教えてくれますか？〉と尋ねてみた。するとAさんは「はい，考えています。首をくくったり手首を切ることも考えましたが，子どもたちにそんな姿を見せたくないので，やめました」。この答えに私が共感を示すとAさんはこう続けた。「夜中にこっそり外に出かけ，どこか高速道路の高架下あたりに隠れて，飲み忘れてたまっ

た薬を多めに飲んで眠ってしまおうと思います。そしたら，朝には凍死するんじゃないかなと思います」と答えた。この頃は年末の寒い季節ではあったが，北国とも言えない地域で，現実的に凍死は無理ではないかと私は考え，ややほっとした気持ちになったが，あくまでも差し迫った真剣な態度を保ちつつ，こう介入してみた。〈う〜ん。そんなふうに考えたのですね……でも，もしかするとうまくいかない可能性のほうが高いようですね〉。それに対してAさんは理由を尋ねてきたので，私はさらに続けた。〈部屋で飲めばすぐ眠くなるかもしれないけれど，寒い中だとなかなか眠くならないかもしれないでしょう。それに眠れたとしても凍死というのはよほどの厳寒でない限り現実には起きないでしょうし，朝目が覚めたら風邪をひいていた，ということが一番考えられるシナリオでしょう〉。するとAさんは泣きやみ「そうでしょうか？」と尋ねた。〈そうですねえ，年が明けてもっと寒くなっても，この辺では無理かもしれませんね〉。その後話し合い，来週までにお互いにもっと良い方法を考えてくること，実行はその後にすることを約束した。もちろん関係者には連絡を入れておいた。1週間後，Aさんはケロッとしてこう語った。「先週はご心配かけてすみませんでした。もう死ぬなんて考えていませんから」。

　私がそれを聞いて「やはり」と思ったのは，A-1に示したような理解が直感的に得られたことによると思われるが，実際には，A-2の共感とA-4のプレイアウトを行った。またA-1の洞察的介入がなされなかったのは，Aさんから向けられた陰性の転移感情を，私が受け止めることができていなかったからである。その部分の介入が適切に行われていたら，さらに援助的になったかもしれないと今は考えている。

Q34 患者さんが薬をためていたら？

Question

　10代の女性Mさんは数年前からリストカットを繰り返し，ある日自宅で首を吊ろうとしているところを家族に発見された。その時は著しい錯乱状態にあったため，緊急の入院という措置がとられた。そして退院後まもなく，ある女性心理療法家との心理療法が開始された。面接が始まって数カ月経った頃，いくらか状態が落ち着いてきたMさんは，療法家に「実は薬をためているの。苦しくなったらいつでも死ねると思うと，頑張れるから」と打ち明けた。さらに詳しく話を聞くと，Mさんは実際にインターネットで薬について詳しく調べ，致死量分の薬を部屋に置いていることが判明した。驚いた療法家は慌てて〈そんな危険なことを聞いて，そのままにしておけません。処分することを考えていただかなくてはなりませんよ〉と口にした。するとMさんは，「これはお守りなんだから，捨てたら意味がないでしょ。そんなことをしたらまたリスカ（リストカット）したくなる。先生は私の気持ちを全然わかっていないんだから！」と言ったきり，黙ってしまった。療法家はこの後どのように対応したらよいものか，考え込んでしまった。

Answer

A-1 ▶ 死に至る危険性の回避を優先する

　Mさんが薬を持っている限りは，いつか過量服薬する危険性がある。療法家はできる限り，患者さんが自殺を遂げてしまうリスクを避けなければならない。ここではMさんに対し強い姿勢を示すべきであり，例えば〈あなたがその薬を処分しない限りは，私は責任をもってこの治療を続けることはできません〉と警告する。あるいは〈私はこの件を主治医に伝える義務があるのです〉と説明したうえで，主治医にマネージメントに入ってもらう。その方法に拒否的な態度を示した場合には，主治医の協力を得て再び入院の措置をとることも考える。このようにして，このままの状態で放置しておくことがないよう，現実的な対処を優先させる。

A-2 ▶ 「お守り」を必要とする気持ちを尊重する

　ここではMさんが自ら「お守り」と説明する薬の意味を尊重したいものである。薬を取り上げることはせず，「なぜお守りが必要なのか」について，時間をかけて話し合ってみる。そのうえでMさんがどうしても薬を手放さない場合は，「お守り」としてそれを持っておくのを認めることもあり得るだろう。しかしそれはあくまでも「お守り」であり，実際に使用してはいけないことを固く約束してもらう。もしどうしても使いたくなったときには，必ず療法家に知らせるように伝える。

A-3 ▶ 別の「お守り」を一緒に探す

　Mさんの「お守り」を必要とする気持ちは尊重しつつ，薬を一時的に預かる。そして〈何か他のお守りになるものを，一緒に探していきましょうね〉と提案し，薬以外に心の拠り所となるものについて話し合う。例えば追いつめられたときの逃げ場として薬を必要としているならば，「どうにも苦しくなったときに飲む頓服薬を処方してもらう」「パニックに陥ったときの対処法を練習しておく」「リストカットしたくなったら，療法家のいる医療機関に電話を入れる」などの対策について検討する。Mさんがこれらの方法を「お守り」として活用することに納得したら，Mさんの同意のもとで薬を医師に返却する。

A-4 ▶ この話が持ち出された背景について話し合う

　Mさんが面接の場でこの話を始めたことについて，その意味を中心に話し合う。例えば療法家は〈あなたが今その話をしているのは，あなたの中にまだ死にたい気持ちがあることについて，私に知ってほしい気持ちがあるからですね？〉，あるいはまた〈その話をすることで，あなたの気持ちについて，私にもっと関心を持ってもらいたいと感じているのではないでしょうか？〉などの理解を伝える。そこでMさんが自身の気持ちを語り始めたら，それを深めていく。またもしMさんが「そんなことは全然考えていません」と答えたら，〈ではあなたは，私がそれを聞いてどうすると思っていたのですか？〉と尋ね，Mさんが今感じていることについての話に戻していく。こうしてこの話題を通して，療法家に対して抱く思いや転移感情のテーマにつなげていくようにする。

―――― 考察・コメント ――――

　患者さんから薬をためていることを告げられたとき，療法家である私は「これをそのまま聞き流してはいけない」という思いを強く持った。その気持ちを伝えると，「だってこれはお守りなんだから。これがあるから頑張れるのに……」と説明されて困惑した。彼女の言うことの意味は伝わってきたが，かといって，本当に死を招く危険性を持つ薬物を所持しておくことを認めてよいものだろうか？　何かあったときは私の責任ではないか？　などの思いが頭を駆けめぐった。またこの患者さんの場合，私が面接を行っている医療機関と診察を受けている医療機関が別であり，すぐに主治医と相談できる状況にはなかった。その日はそのまま面接を終わることになったが，〈この問題は次回にも話し合おう〉と提案しておいた。その後の1週間は，Mさんに何をどう伝えるべきか，いくつもの選択肢を思い浮かべながら，ずっと落ち着かなかった。しかし次の回に私がこの件について話し合おうとすると，「そんなに気にするなら，これは先生が持っていて」とためていた薬を私に預けてきた。私はあまりにあっけなく事が解決したことに拍子抜けし，なぜ薬を渡すことにしたのか尋ねてみた。するとMさんは「こんなことは，たいしたことじゃないから。本当はもっと悩んでいることがたくさんあるの」と言い，それらのいくつかの悩みについて話し始めた。

　今になって考えると，Mさんは薬についての私の反応があまりに真剣だったために驚いたようだった。もしかしたら自分のことを本気で心配する療法家の姿から，何かを感じ取ったのかもしれない。その後Mさんは自分の苦しい気持ちについて，いっそう深く話をするようになっていった。結局あのとき必死で考えた私のとるべき選択肢は，どれも実際の役には立たなかったわけである。しかしそのことを懸命に考えたプロセスは，無駄ではなかったと思う。実際に起こるかどうかわからないこと

についても，様々な可能性を検討して患者さんを守ろうとする姿勢が，療法家には必要である。「死」に向かおうとする患者さんの場合は特に，彼らの気持ちを最大限に尊重しながらも，できる限りそれを回避する努力をしなくしてはならない。そして療法家のそのような姿を見ることで，患者さんが自分のとろうとしている行動を振り返り，そこから新しい考えや気持ちが生まれてくることもあるのではないか。そう考えると，療法家が必要に応じて行うマネージメントもまた，心理療法全般の過程の中で大事な役割の一部を担っていると感じられるのである。

　ちなみにこの症例についてある精神科医に，その立場からの考えを尋ねると，次のような答えが返ってきた。「おそらく処方をしている医師としては，患者さんがそれをためていることを情報としては持っておきたいですね。ただし療法家としては，患者さんがそれを今すぐにでも大量服薬する，といっているわけでもない以上，守秘義務をおかしてまで処方医に伝えることには戸惑いがあるかもしれません。結局は患者さんに，薬をためている事情を自分から医師に告げることをすすめるところから始めるべきではないでしょうか」。

Q35 患者さんが凶器を持っていたら？

Question

Cさんは，中年の男性である。20代の頃，通勤電車で窃盗行為を繰り返し，何度となく捕まったという経験を持っているという。最近ずっと背中に強い痛みが続いたため内科を受診したのだが，検査では異常がなく心理面接を受けるよう医師に勧められて療法家のもとを訪れた。

治療開始後，Cさんは遅刻もせず熱心に心理面接に通い，今回の身体症状および過去の出来事などを几帳面に話した。10回ほど面接を重ねたところで，Cさんは，以前窃盗で捕まった際に担当してもらった弁護士について話した。Cさんはその弁護士のやり方が気に食わず，今でも憤慨しており，「ずっと脅してやりたいと思ってきた。実はいつもそのための凶器を持ち歩いている」と話した。療法家は，予想もしていなかった発言に内心驚き，動揺した。Cさんがそれを実行しないと確信できる材料は今のところ持っていない。さて療法家はどう対処したらよいのだろうか？

A

Answer

A-1 ▶ 患者さんの気持ちに共感するよう努める

とにかく患者さんに対する共感なくしては展望も見出せないだろう。まずはCさんの弁護士に対する憤慨について共感することに努める。

いったいどうしてそこまで激しい憎しみを抱くようになったかの経緯を説明してもらい，共感の及ぶ範囲で〈脅してやりたいと思うほどに，あなたは強い怒りを感じているのですね〉と伝える。また〈あなたが最も憤慨したのは，弁護士のどんな言葉だったのですか？〉と，Cさんの体験の経緯や状況についても明確化していき，疑問点も明らかにしていく。こうしていくうちに，Cさんの気持ちの高ぶりがある程度おさまり，脅したいほどの怒りに対して距離もとれ，セッションの終わりには反省の気持ちも湧くかもしれない。最終的にCさんが凶器を破棄することを約束したなら，この方針はとりあえずは成功である……。

A-2 ▶ 転移的理解を伝える

　分析的立場からは，転移感情の文脈で捉えたい。転移を扱うことは分析治療において患者さんに根本的な変化をもたらすものとして理解されている。ここではCさんの洞察を少しでも高めるために，ぜひその効果を期待したいところだ。そこでこのCさんに起きていることを捉え直すならば，憤慨している気持ちが他ならぬ治療室の中で話されたものであることが注目される。つまり療法家に対する何らかの怒りが表現されている可能性が高いことになろう。そうした転移的理解を手がかりに療法家はこう問いかけてみた。〈弁護士に感じているという憤慨の気持ちを，今ここで私に対して感じているということはありませんか？〉。Cさんはこれに対して「うーん」と言葉に窮し，療法家の言葉の意味を捉えあぐねているようである。療法家はその間にCさんのあらゆる反応を予想しながら，実際にCさんが自分への怒りを自覚し，矛先を自分に向けてくる可能性についても検討した。そして考えた。「現在Cさんの治療者である私自身の安全は確保されて

いるのだろうか？　実際にＣさんが凶器を持っていると言っている以上，それを具体的にどうするかというマネージメントも急務だろう」。

　結局，転移解釈に関してのＣさんの反応は不明確なままセッションの終了時間になった。療法家は最後にＣさんにこう告げようかとためらった。〈今日はずいぶん深刻なお話を聞きました。ただしこれはあくまでもあなたがファンタジーとして持っている考えだと理解しています〉。

A-3 ▶ 治療継続が可能かどうかを具体的に検討する

　療法家は現実重視の方針をとる。そして「これは自傷他害のケースであり，緊急性を要する。治療よりはマネージメントが優先する」という認識から出発することにしたが，その時点で次の２つの方針が考えられた。

【その１】
　療法家はまずインフォームドコンセントを重視して次のように伝えた。〈今お話しになったことについてもう少し具体的にお聞きしなくてはなりませんが，もしそのお話から私が，あなたが具体的に誰を脅したいと考えていらっしゃると知った場合，私には報告の義務が生じてしまいます。あなたとの話に関しては守秘義務がありますが，唯一の例外がそのような場合です。この件は，この治療が始まる前にあらかじめ明確にはお伝えしていなかったかもしれませんが，ご了承ください〉。そして療法家は後の流れをＣさんに委ね，一方では，Ｃさんが脅しを実行しないような可能な限りの直面化や説得を行った。

【その2】

　療法家はＣさんに弁護士を脅す計画についてさらに質問した。そしてセッションの終了時までにその詳細を知ることができた。療法家には報告義務のことが常に頭にあったが，このケースについては当該の弁護士事務所ないし弁護士本人に報告する必要があると判断された。そして「自分に報告義務が生じていることを，ここでＣさんに告げるべきであろうか？」と考えた。これまでに成立した治療関係を考えた際，当然そうするべきだという気持ちが湧いた。Ｃさんに黙って報告することで，彼は裏切られ，見捨てられたような気持ちを持つだろう。しかし報告義務のことをここでＣさんに伝えた際に彼が感情的になり，それこそ自分が脅される羽目になるのではないかという恐れも感じた。またその弁護士についての話を聞いた今では，その人を守ることも同時に自分の義務だとも感じ，Ｃさんとの治療関係が犠牲になるのも仕方がないのではないか，という気もした。結局，療法家はそのままセッションを終了し，弁護士事務所への報告を行うとともにＣさんには事情を説明する手紙を送るという方針を考えた。

考察・コメント

　心理面接の中で，傷害，盗み，薬物使用，虐待など，犯罪行為や逸脱行為がほのめかされることは少なくない。それらは過去の出来事のこともあれば，現在進行形で計画していることもあり，空想している内容の場合もある。その取り扱い方もさまざまな可能性がある。しかしその中で非常に複雑な問題をもたらすのが，患者さんに実際に自傷他害の恐れがある場合だ。それは心理面接の危機であると同時に，患者さんや療法家の危機でもありうる。

　患者さんに自傷他害の恐れがある場合，治療者には勤務先の施設責任者や主治医など，患者さんの治療に対して責任を持つ人への報告義務が

生じるが，治療者が直面する問題は極めて多い。それが患者さんの持つ精神的な病気のせいである場合，患者さんは措置入院ないし医療保護入院の必要があるかもしれない。しかし直接その病理と結びつかない場合には，報告義務と守秘義務のバランスをどうするのか？　目の前の患者さんとの治療関係はどうなるのか？　そして自分自身の身の安全は確保できているのか？　主治医がいるのであれば，主治医との連絡をどうするのか……。しかもこれらを限られたセッションの中で判断して行わなくてはならないのである。

　ひとつ言えるのは，この種の危険が高い患者さんには特に，治療の開始の早い段階で，守秘義務と報告義務についての理解を求めておくべきであるということである。さらに自傷他害の恐れが現実に生じたとき，それをひとりで背負わず，上司，同僚，主治医とすぐに情報を共有し，あるいは必要に応じて法律の専門家にコンサルテーションを依頼することで責任を分散することも大切である。

Q36

Question

電話相談で「死に方を教えてください!」と言われたら?

　統合失調症で精神科通院中の30代女性Yさん。ある女性心理療法家が相談員として勤務している電話相談をたびたび利用しているが,「主治医やケースワーカーの前で本音が話せません」「明日旅行を予定しているんですが,ちゃんと手続きができるかどうか心配なんです」といった様々な訴えがある。Yさんからの電話を受けた他の相談員たちと,その対応について話し合うこともあるが,どれを試みても結局はYさんから「そんなことできるわけないでしょ!」と言われてしまう。そして「じゃあもう死ぬしかないですね!」「死ねってことですね!」と,最後はいつも怒りモードで電話を切られるパターンが続いていた。Yさんはその日も開口一番,「小さい頃から天涯孤独ですよ。友人もいないし,楽しいことなんてひとっつもありゃしない。これ以上生きている意味がないんです。早く両親のいる世界(あの世)に行きたいから,死に方を教えてください。死ぬ方法を一緒に考えてほしいんですよ!」とイライラした早口でまくしたててきた。療法家は「いきなり死に方を教えてくれと言われても……」と戸惑いながらも,〈寂しくつらい毎日を送っているのでしょうね。そのような時はいつもどうやってやりすごされているのでしょうか?〉と尋ねた。すると,土日は一日中寝て過ごし,平日は作業所に通っている,しかし作業所の仲間やスタッフとは話もしない,という。〈せっかく作業所に通っているのだから仲間やスタッフと話をしてみては?〉とアドバイスしても,「あの人たちとなんか話になりま

せん！ 話をしたって無駄なんです！」の一点張りで，さらに考えを深めていく姿勢は見られない。そこで，どのように対応すれば相談者の「死にたい気持ち」がやわらぐかを考え，病気を抱えながら孤独に暮らしていることの寂しさに共感を示しながら，〈せっかくこうして電話をくださったのだから，死ぬなんて考えずに，生きていてほしい〉と伝えた。ところが，Yさんはいっそうイライラ感をあらわにして声を荒らげ，「だから生きてほしい，とかそういうことを聞きたいんじゃないんです！ 死に方を一緒に考えてほしいと言っているんですよ‼」と電話の向こうで詰め寄るように訴えてきた。療法家は「共感的に話を聞いていたつもりだったがダメなのか？」「生きていてほしい気持ちを伝えても伝わらないのか？」「一体どうすればいいのか？」と途方に暮れてしまった。

A Answer

A-1 ▶ 声のトーンやあいづちの言葉に気を配りながら，共感的対応を続ける

　Yさんが持ち出す死ぬ方法についての話題は直接取り上げず，一貫して相手の気持ちに沿う対応を続ける。例えば〈心も体もとても疲れているみたいですね。それじゃ死ぬことで楽になりたいという気持ちはわかります。毎日おつらいでしょうね〉と言葉をかける。そのうちにYさんの気持ちがほぐれ，「この人は，私の気持ちをわかってくれているのかもしれない」と感じ，落ち着いてくるのを待つ。

A-2 ▶ 心理教育的な対応をする

　Yさんの訴えの背景にある心の状態について，わかりやすく説明する。例えば〈死にたいと思い，死ぬ方法まで考えてしまうのは，病気がそうさせているのですよ〉あるいは〈普通では考えないことを考えてしまうは，病気のせいなのかもしれません〉などと解説し，「死にたい気持ち」がひとつの症状であることへの気づきを促す。また〈病気が回復すれば，死にたいと思わなくなるでしょう。後で考えれば，どうして死にたいと思ったのだろう，と不思議な気持ちになるかもしれませんよ〉と，切羽詰まった気持ちをYさんが出来るだけ客観的に捉えることができるよう工夫する。

A-3 ▶ 死なないでほしいという気持ちを伝え続ける

　相談員の心に生じる無念さや寂しさを伝えることが助けとなるかもしれない。例えば〈あなたに死なれると私はつらい〉〈とにかくあなたに生きていてもらいたいのです〉〈死ぬ方法を一緒に考えてなんて，そんな寂しいこと言わないで……〉〈この電話では生きることについて一緒に考えていくことはできますが，死ぬ方法を一緒に考えることはできません〉というように，死んでほしくないという相談員の気持ちを積極的に伝え続ける。電話をかけてくるということは，相談者の心の中に「本当は死にたくない」「誰かに引き止めてほしい」という気持ちが潜んでいる可能性がある。相談員の思いを聞くことで，相談者自身の中にある「生きたい」という思いもまた，自覚することができるようにする。

A-4 ▶ 再び連絡をくれるよう伝えることで，自殺実行の延期を求める

　Yさんの高まった希死念慮を静める目的で，いったん時間を置くことを提案する。〈今すぐに死ぬ方法を考えるのは，やめましょうね。またあなたの声を聞きたいので，明日電話していただけませんか？〉と介入する。相談者は他に話し相手もいないようであり，継続的な対人関係を求めているのかもしれない。この対応では，電話を切った後も相談者のことを心配している，という気持ちを伝えることになり，相談員との関係がその場限りのものではないことを示す意味も込められている。このようにして，ある程度時間や回数をかけて関わっていく姿勢を示していく。

A-5 ▶ 死ぬ方法を一緒に考えてみる

　相談者の訴えに合わせる形で，死ぬ方法を一緒に考えてみる。〈あなたが思いついた方法はどんなものがありますか？〉〈飛び降りねぇ……でもあれも確実じゃないって話ですよ。大量服薬も死にそこなうと大変苦しいらしいですしねぇ。こうして考えてみると生きるのも楽じゃないけど，死ぬのも楽じゃないですねぇ〉〈そう言われても，私もまだ死んだことがないので，何が一番良い方法なのかわからないんですよ〉などと，死に方をめぐる具体的な方法について，様々な角度から取り上げていく。

---- **考察・コメント** ----

　私（療法家）が実際にとった対応はA-5の「一緒に死ぬ方法を考えてみる」であった。〈いやぁ，そう言われても私もまだ死んだことがな

いので，何が一番良い方法なのかわからないんですよ〉と言ったのである。

　私のこの発言で相談者のトーンは変わり，少し笑いながら「……そうですよね」と答えた。すかさず〈では逆に，あなたがこれまでに思いついた自殺の方法を教えてくれませんか？〉と切り返すと，「飛び降り，手首を切る，電車に飛び込む，大量服薬……でも，大量服薬も確実じゃないし，飛び降りて万が一助かったら困るし……」と続いた。さらに〈うんうん，そうですよね〜，飛び降りも確実じゃないって話ですからね。大量服薬も死にそこなうと大変苦しいらしいですしねぇ〉「大量服薬と手首を切るのは実際やってみた。救急車に運ばれただけだった」〈それは大変だったでしょう。胃洗浄やりました？　苦しいらしいですね，あれ〉「うん。苦しかった」〈……こうして考えてみると，生きるのも楽じゃないけど，死ぬのも楽じゃないですね〉「……そうですね」と会話は続いた。

　このようなやりとりの後，実は先日母親と旅行に行ってきて楽しかったこと（天涯孤独と言っておきながら！），来月は作業所の仲間と旅行の予定があることなどをポツリポツリ話し出した。最後は〈そんなにいろいろ予定があるのなら，死んでいる場合じゃないですよ〉と言うと，「そうですね。じゃ，ありがとうございました」と言いつつ，結局は私が死ぬ方法を教えることもなく，電話は切れた。

　自殺をほのめかす訴えへの基本姿勢として，共感的な態度を示しながら話を受けとめること，「死ぬこと以外の方法＝生きる希望」を一緒に探していくことが大切だと思う。また，緊急性が高いと思われる場合には，他機関への連携を視野に入れ，氏名・連絡先を聞きだすこと，特に自殺行為が実行寸前であれば，すぐにやめるよう説得することが必要となってくる。私は場合によってA-4の方法を試みることもある。翌日以降に再度声を聞かせてくださいと伝えると，あれだけさんざん死にた

いと訴えていた相談者がこちらの説得に応じ，翌日になって若干トーンダウンして「昨日の相談員さんがまた電話してくれって言ったからかけました……」と律儀に電話してくることがある。そして翌日もやっぱり同じ話の繰り返しだったりするのだが，前日よりも相談者の「死にたい！」という切羽詰まった気持ちがおさまっている場合には，相談員の言葉も受け入れやすくなっており，落ち着いて話し合うことができる場合がある。しかしこの方法は一方で，相談者の電話依存を助長するという側面があることも忘れてはならない。

　今回のケースでは私が対応に困った末，一緒に死ぬ方法を考えてみようと提案したことで，それまで怒り心頭に発していた相談者の気持ちは和み，冷静に話し合うことができた。この時は相談員による一方的な説得ではなく，相談者のニーズに合わせて一緒に死ぬ方法を率直に話し合ったことが，「相談員が同じ立場になって考えてくれた」という姿勢として，好意的に受け止められたのかもしれない。ただしこの方法は，あくまでもこのケースには効果があったのであり，他の相談者には，全く逆の効果を及ぼしたかもしれない。例えば「あの相談員は，死にたいという私の気持ちをなだめるどころか，死ぬ方法を私に教えようとしたんですよ」と糾弾されても落ち着いて対応ができるように，言葉の選択に気をつけ，具体的な対応の内容を記載しておく，その関わりの概要を上司の耳に入れておく，といった配慮が必要であろう。

Q37

Question

患者さんが同僚への報復を宣言したら？

　Aさんは30代の男性。仕事上のストレスから「うつ病」になり，既に2年ほど会社を休職していた。症状も安定し，そろそろ復帰の準備に入りたいとAさんが考えていたところ，主治医に「復帰をスムーズに進めるためにも心理療法を受けたらどうか」と勧められ，女性心理療法家を紹介された。Aさんは休むことなく療法家のもとへ通った。面接では「早く復帰したい」と非常に前向きに力強く話しながらも，現実の生活では，自動車事故に遭ったり，大火傷をしたりとアクシデントの連続で，療法家にはAさんはとても安定した状態にあるとは思えなかった。面接はいつもあちこち怪我をして来所するAさんの傷の具合を心配する話から始まった。Aさんの現実状況を心配し，その対応に追われるなかで聴取したAさんの生育歴は以下のようなものであった。

　Aさんの両親は共に非常に忙しく，幼少期には親戚に預けられることも多かった。高校以降は遠方の学校へ進学したため実家を離れてひとりで暮らしていた。そういった生育歴もあってか，Aさんは「自分のことは自分で解決すべきである。それが自分の信条だ」と強気で語る一方で，面接を重ねるうちに「本当は誰かに見ていてほしいといつも思っていた」といった子ども時代の寂しさについても時折話すようになっていった。

　職場復帰できないまま数カ月が経過したあるセッションでのこと。Aさんは自分の不安定さを自覚して「こんな状態では職場復帰はまだ無理ですよね」と言った後，休職に至った経過について回想を始めた。やが

てこれまでにない興奮した口調になり、休職前の職場状況が自分をいかに追い詰めていったかをまくしたてた。そして最後に「自分をこんな状態にした同僚を殺してやる！」と血走った目をしながら怒鳴り、今度は具体的な「仕返し」の方法をジェスチャーを交えてあれこれ話し始めた。そういえば、心理療法を始めた頃、「職場復帰に備えて体を鍛え始めた」とAさんが言っていたが、ふと見ると、いつのまにかかなりがっちりとした体つきになっているようにも思える。別に復讐のために筋肉を鍛えたというわけではないにしても、療法家はますます不安になった。ただしAさんに確かめたところ、具体的に実行する計画は今のところないとのことなので、ひとまず安心はした。療法家としては次にどのような選択肢があるのだろうか？

A Answer

A-1 ▶ 転移感情に焦点を当てる

　療法家は、Aさんが同僚への復讐計画や激しい気持ちを、このタイミングで打ち明けたということに注目した。両親との関わりが希薄で、子ども時代に甘えを十分に満たされなかったAさんは、傷の具合を心配する療法家に依存心を強めていたのかもしれない。いつも強気のAさんが、子ども時代の寂しさについても、時折口にするようになっていたのもそのせいであろう。しかし、依存心が強まれば、かつて親戚の家に預けられたように、療法家にも捨てられてしまうのではないかという不安も生じるであろう。また、不安な時に全く力になってくれなかった親と同じように、職場復帰を助けてくれない療法家に腹を立てているのかもしれない。そこで、〈Aさんは今日、そのお

話を私にしようと思われたのはどうしてだったのでしょう？ Ａさんのお話を聞いて私がどのように反応すると思われましたか？〉と尋ね，Ａさんが療法家に対してどのような転移空想を抱いているか描き出してもらい，それらを手がかりに面接を重ねていった。

A-2 ▶ 共感を示しつつ現実検討を促す

　心理療法はその構造の中でどんなことを話してもいいと保証された場である。世間一般のモラルで裁かれるべき場ではないのだ。Ａさんはなかなか思うように職場復帰できない悔しさや不安を同僚への怒りに置き換えて語っているだけで，一呼吸置いてみると，療法家の側が過剰に不安になっているようにも思われた。しかし，どこかでＡさんと共に現実検討もしておきたいと考えた。そこで，まず実際にどのような出来事があって「同僚を殺してやる！」と思うに至ったのかを語ってもらい，そのうえで〈あなたが怒るのはもっともなことだと思います。そういうことがあれば，同僚を殺してやりたい！という気持ちにもなるでしょう〉と十分に共感し肯定した。するとＡさんの興奮がややおさまったので，〈思う分には存分に思っていいですよね，実際に行動に移すのとは違いますものね〉とさりげなくＡさんに現実検討を促した。

A-3 ▶ 患者さんの自己破壊衝動の表れと見る

　Ａさんはこの数カ月かなり深刻なアクシデントを繰り返しており，これは潜在的な自殺願望に基づくものかもしれないと療法家は考えていた。その延長で，今回の同僚に向けられた反社会的攻撃性も実は自己破壊衝動から生じているように思われた。そしてそのことにＡさ

ん自身が気づいていないため，アクシデントが繰り返され，今回のような発言につながっている可能性がある。そのためAさんの中にある潜在的な自殺願望を意識化し，衝動をコントロールすることが重要であると思われた。そこで，〈思うように復帰が実現せず，Aさんの不安や怒りは当然だと思います。ただ，この数カ月のAさんのご様子や今日のお話を聞いていると，ご自分に対してどこか絶望し，ひょっとすると死んでしまいたいとお考えになっているのではないかと私には感じられるのですが……〉と伝え，Aさん自身の気づきを促してみた。

A-4 ▶ 躁転などを考え，主治医と連携を図る

　2年の休職期間を考えると，Aさんの「うつ病」はかなり深刻なものだったはずである。この数カ月のAさんは逆にやや軽躁状態にあったようにも思われた。特に最近のセッションでの急激な変化は，もしかすると躁転を意味しているのかもしれないし，薬の影響があるのかもしれない。そこで〈Aさんの今のお気持ちはうつ病の症状から生じている可能性はありませんか？　あるいはお薬の影響もあるかもしれません。Aさんがもう少し楽に過ごせるように主治医の先生とご相談させてください〉と伝え，主治医と連携を図ることにした。

A-5 ▶ 限界設定をする

　療法家はこれまでAさんと積み重ねてきた時間を振り返り，なんとか面接を継続したいと考えた。しかし，話を聞けば聞くほど同僚への復讐をAさんは強固に抱いていくように思われた。そこでまず〈その方法では，Aさんの損失があまりにも大きすぎるように思いま

すよ〉とAさんの側に立って療法家の考えを伝え，それらを実行に移さない約束をしてもらうよう試みることにした。しかしAさんは「それは約束できませんよ……」と戸惑った様子で答えた。そこで療法家は〈Aさんが本当にそのように犯罪行為を実行する気持ちであるのなら，私はAさんと相手の方を守るために，このことを他の方にお話ししなくてはなりませんよ〉と，守秘義務の範囲外になることをAさんに示す必要が生じた。

--- **考察・コメント** ---

　Aさんのそのときの迫力は，将来実際に事件につながるのではないかと療法家である私はかなり不安になってしまった。内心動揺しつつも，とりあえず，A-2の方法で介入し，やや興奮がおさまったところで，A-3やA-4の可能性を伝えてみた。Aさんは「心の底には自殺願望があるのかもしれない」ということにも，「自分がやや躁状態にあるかもしれない」ということにも同意し，そのことを主治医に自分から伝えると言うので，その後のAさんの報告を待つことにした。その間私は，同種の事件のニュースを耳にするたびにドキドキし，Aさんの無事をひたすら祈るような気持ちになっていた。幸い，次のセッションではAさんはやや落ち着きを取り戻し，主治医とのやりとりについて報告してくれた。

　私は，患者さんが語る言葉に対して様々な意味可能性を想定しながら耳を傾けることを心がけているつもりだが，破壊的な行動につながる可能性があると思われる話については，療法家の不安が刺激され，どこまで耳を傾け続けていていいのか，どこから危機介入が必要なのか，という判断にしばしば迷ってしまう。行き詰まってスーパーバイザーや同僚に相談すると，いかに自分自身が中立性や柔軟さを失っていたかということに気づかされる。そうして，療法家自身の構えが変化することによ

って，破壊的にしか聞こえなかった話から，また別の話が見えてきたりすることを経験し，自分が何を不安に思っていたのか大いに内省を促されることも多い。スーパーバイザーや同僚に話すことを迷ったときは，とりあえず話すという選択肢をとるべきだと痛感した体験であった。

Q38

「今日，面接の後，死にます」と言われたら？

　患者さんは境界性パーソナリティ障害と診断された30歳代の女性Tさん。離婚歴があり，ひとり暮らしをしていた。借金やアルコールの問題も抱えており，摂食障害の既往もあった。事務職に就いてはいるが，すでに1年以上休職しており，復職期限が迫っていた。しかしとても職場復帰できるような病状ではなく，借金は増えるばかりであった。

　ある日の面接で，Tさんは見るからに落ち着かず，じっと座っていることさえもつらそうだった。話を聞くと「借金や仕事のことを考えると，もうこれ以上生きていけない感じです。愛犬のことだけが心残りだけれど，あとはもう死んでしまいたい気持ちでいっぱい。もう今日この面接が終わったら，すぐにでも死にます。最後に先生に会えて良かった。自分で自分が何をするかわからないから……」と言った。その面接の前にTさんがイライラした様子で受付の壁を蹴飛ばしているのを，療法家は目撃していた。

　もともとTさんは自傷行為（主にリストカット）を繰り返しており，自殺企図（胃洗浄を要するような大量服薬）も数回あった。面接でも「生きている意味が見出せません」「将来を思い描くことができないんです」などと語ることも時々あり，生きることに消極的であった。療法家は，このTさんの言葉を聞いて，どのように対応するべきだろうか？

Answer

A-1 ▶ すぐに保護するか,家族と連絡をとる

「死んでしまいたい」「自分で自分が何をするかわからない」と訴える患者さんをそのまま帰すのはあまりに危険である。そこで主治医がいれば連絡をとり,入院の必要性を伝えたうえで,その場で患者さんに診察を受けてもらう。主治医がいない場合,あるいは主治医と連絡がとれない場合は,入院を前提に知り合いの精神科医に相談するか,警察に通報して患者さんを保護してもらう。場合によっては患者さんの承諾を得たうえで,家族に連絡をとり,事情を説明する。患者さんの希死念慮が落ち着くまでの付き添いを依頼し,決して一人になることがないように見守ってもらう。このように,最悪の事態に備えて,患者さんの身の安全を守るための措置を第一に行う。それ以外のことはとりあえずは考えない。

A-2 ▶ 死にたい気持ちに共感しつつ,言動の背後にあるものを探る

Tさんはいつも「死にたい」と訴えていることから,すぐに緊急事態として捉えるべきとは,必ずしも限らない。今回の訴えの背景にはどのような気持ちがあるのか,よく見極めることが重要である。そこで療法家はA-1のようなマネージメントをすぐには行わず,まずは「死にたい」という患者さんの訴えを聴くことに専念する。患者さんの中で高まりつつある「生きていくことの苦しさやつらさ」に共感することで,気持ちを落ち着かせる。さらに療法家との転移関係に注

目し，患者さんがより深層では何を求め，伝えようとしているのかについて，患者さんに問いかけてみることもよいかもしれない。面接終了までにＴさんに「死にたい」という訴えを全面撤回するような心の動きが見られれば，とりあえずは危機回避ができたことになる。

A-3 ▶ ひたすら死なないよう説得する

　Ｔさんに〈自殺は良くないこと〉〈それが最善の方法とは思えない〉と諭し，〈死なないことを約束したはずである〉と伝える。こうして自殺を思いとどまるように説得し，「自殺はしません」という約束を取り付けるまで患者さんをひとりで帰宅させることがないようにする。

A-4 ▶ 借金やアルコールの問題に焦点を当てる

　Ｔさんが追い詰められている大きな要因のひとつに，借金の返済とアルコール依存がある。そこでこれらの問題について，現実的な対応策を提案する。例えば弁護士を紹介することで，借金の返済方法を具体的に検討するための手助けを行い，アルコール依存を治療する専門機関を紹介する。このようにして，患者さんに現実的な問題を解決していくための手立てを学んでもらい，死に急ぐ気持ちを緩和させ，より現実適応的に生きていけるような援助を行う。

------- 考察・コメント -------

　Ｔさんは普段から家族に対する攻撃性は強かったが，院内の壁を蹴飛ばすようなことはしなかった。また常日頃から「死にたい」「生きていてもしょうがない」とは口にしていたものの，「自分で自分が何をす

るかわからない」というようなことは言わなかった。見るからにイライラとして落ち着かない様子に，療法家である私は緊急性を感じ，Ｔさんに〈あなたには死んでしまいたいと思う気持ちと同じくらい，助けてほしいという気持ちがあるようです。あなた自身が今保護を希望しているのではないですか？〉と問いかけてみた。Ｔさんは「できるならそうしてほしい」と素直に認めたため，面接時間の途中ではあったが，私は入院に向けてすぐに行動を起こした。幸い面接を行っていたのが入院施設の整った病院であったため，入院を前提に担当医に予約外での診察を依頼した。

　「死にたい」と訴える患者さん全てに対し，これと同じような対応をとることが一般的であるとは考えていない。他人を操作する傾向の強い患者さんの場合，自傷他害行為をほのめかすことで療法家を試したり，療法家に自らの期待する行動をとらせようとしたりすることがある。療法家がいつも患者さんの望むままに行動しようとすることは，もちろん治療上有効ではない。しかし「患者さんに決して操作されまい」という療法家の思いがあまりにも強いと，患者さんの真の訴えが耳に届かなくなる可能性もある。またいつでも「死にたい」と言い続け，大量服薬を繰り返しているような場合にも，療法家は患者さんの「死にたい」という訴えを軽視しがちになる。Ｔさんの場合には操作的な意図は感じられず，その場で本人が表現した「どうしようもなさ」を私は素直に受け入れ共感することができたため，上記のような対応となった。

　しかしもし患者さんが保護を拒否した場合には，療法家は患者さんの命を守るために，警察への通報あるいは精神科医への情報提供が必須であることを説明し，行動を起こすことになるだろう。患者さんが強い希死念慮を訴えたとき，療法家としてそれに的確に応えることは最優先すべきである。疑わしきは安全策を。

Q39

Question

プレイルームの原状回復のルールが守られず，次の子どもが動揺してしまったら？

　ある若い心理療法家は，新しく開設された，子育て支援施設内の相談室で働くことになった。そこで療法家は，ベテランで実績があり，人柄も尊敬できる先輩であるA先生を頼りにし，一緒に相談室の構造をととのえたり，難しいケースについて相談しながら関わっていくことにやりがいを感じ，充実した日々を過ごしていた。

　相談室は，週5日，療法家またはA先生が交代でひとりずつ勤務し，ふたりの間での連絡は，他職種と合同の月1回の会議のほかはメールで行っていた。

　ある日療法家は，ロッカーの整理をしていて，A先生の担当している子どもが組み立てたと思われるレゴブロックの作品が保管されていることに気がついた。A先生とふたりで取り決めた相談室の約束では，室内の玩具は必ずセッション終了時にプレイ前の，元の状態に戻すことになっていた。療法家は，そのとき自分が担当していた，小学校低学年の男の子B君も最近レゴブロックを使用することが多かったので，A先生にすぐに相談しなければと考えたが，その日，別のケースでゴタゴタしたためにうっかりそのことを失念したまま，翌日のB君のセッションを迎えることになってしまったのだった。

　B君は，レゴブロックを使ってプレイを始めたが，すぐに前回使用した部品がないことに気づいた。ここで初めて療法家も，昨日のことを思い出した。自分の取り返しのつかない失念に対する後悔や自責感，B君

に申し訳ない気持ち，約束事を守らなかったA先生への疑惑や怒りなどの強い情緒で，療法家は心中パニックに近い状態になってしまったが，「この場で療法家としてどう行動すべきか？」と必死で考えた。

　B君の抱えている不安のひとつに，「家に度々泥棒が入って自分の大事なものを盗んでいるのではないか」という空想があり，この状況では，まさにそれが面接室で起きてしまったということになる。1年余りの治療過程で，この不安は少しずつゆるみ，最近ではめったに聞かれなくなっていたところだったので，療法家は，B君に事情を説明し，保管されてある作品を崩して部品を取り出さないと，B君の症状が悪化してしまうのではないかとまず考えた。しかし，A先生に相談することなく，そんなことをしていいものだろうか？　ベテランで力のあるA先生が，あえて約束を超えてまで保管しているその作品には，よほど重要な意味があり，相談もせずに取り出して壊してしまうようなことは，作品を作った子どもをひどく傷つけてしまうことになるのではないか？　そして，A先生を怒らせるか，悲しませるか，あきれられ，自分は治療者として後輩として見捨てられてしまうのではないか？

　このような考えや情緒が頭の中を嵐のように駆け巡ったのはほんの数秒くらいの時間であっただろう。気がつくとB君は不安と怒りと悲しみの入り混じったような表情で，無言で療法家の顔を見上げていた。ここで，療法家はどんな介入をすべきだろうか？

A Answer

A-1 ▶ 洞察的介入を試みる

　「これは，B君の心の中の世界が面接室にあらわれたものであるか

ら、そのような理解をB君に伝え、理解を深めることこそが重要であり、現実にレゴブロックの部品を取り出すか否かは、むしろどちらでもいいことである」という理解に基づくならば、次のような介入が考えられる。〈B君は、前に、夜中に泥棒が来て大事なものを盗られてるって感じていたんだよね。今この部屋にも泥棒が来て、B君の使っていた玩具を盗られてしまったんじゃないかって心配してるのかな。先生はそんなふうに想像したんだけど、本当は今どんな感じがしているのか聞かせてくれる？〉など。

　もっと療法家との転移関係に焦点づけていくのであれば、〈先生もBくんの大事なものを盗ってしまうんじゃないかって、心配になったかな。もしそうだったらとっても悲しくなっちゃうよね。怒っているかもしれないね〉という介入もありうる。

　こうした介入により、B君の心の中の、不安や葛藤、対象関係などについて理解を深める機会となり、より深いレベルで症状が解消され、心的発達が促進されるような、大きな治癒機転となる可能性がある。もちろん、解釈がヒットすれば、新しいプレイが展開され、前に使った部品がないことは関係なくなるか、ないことを含み込んだ新たなプレイが展開していくことが予想される。

A-2 ▶ 共感的介入を行う

　「まずは、B君の必死の表情から気持ちを読み取り、共感していくことこそ重要である」という理解に基づき、次のように介入することも考えられる。例えば〈このまえ使っていた部品がなくなっちゃってるね。今、どんな気持ちかな〉〈せっかく続きをやろうとしていたのに、できなくて悔しいね。悲しいね。がっかりだね。ムカツクね〉など。

B君の不安と結び付けて明確化するのであれば〈また泥棒が来たんじゃないかって感じて，ショックなのかもしれないね〉とも言えるかもしれない。

　B君が無力感を感じているようであれば，〈自分では何もできないって，すごくがっかりしたつらい気持ちでいるのかしら〉などと介入することもできるだろう。

　B君が，それに続けて気持ちを語っていくか，プレイを展開していく過程で，療法家に「理解された」と体験することで，不安がゆるみ，前に使った部品がなくても，むしろそのことを素材にして，次の連想（プレイ）が展開していくことが期待される。

A-3 ▶ この場はなんとかやりすごし，A先生にすぐに相談する

　療法家は，以前B君に，作品を壊さないで次回までとっておいてほしい，とせがまれたが，相談室の約束事だからと伝え，断ったことがあった。療法家が違うとはいえ，他の子に対してはそれが許されたとB君が知れば，不公正だと感じてしまうだろう。しかし，A先生の治療の中で，やむを得ぬ事情があったかもしれず，それを確かめるまでは作品を壊してしまうことに慎重であるべきである。〈他の先生も使っているから，もしかすると汚れたり，壊れたりして，なくなってしまったか，別の場所にあるかもしれない。この次までにきっと聞いておくから，心配しないで大丈夫。本当に申し訳ないけれど，今日はそれなしで遊ぶことできるかな？〉などと伝えてそのセッションは何とかやりすごす。終了後すぐにA先生に相談し，今後の対応について話し合う。

A-4 相談室の約束事に従い，A先生が保管している作品を崩して元に戻す

「療法家は，治療者としてB君に誠実であることが何よりも優先されるべきであり，それなくして真の信頼関係は成り立たず，ひいては治療も成立しない」という立場も考えられる。A先生に事前に相談し忘れたのは療法家の責任である。また，あらかじめ療法家に事情を話していなかったA先生にも責任はある。作品を壊された子への対応もまたA先生の責任である。このように療法家とA先生の関係で起きうることはお互い同士の責任において話し合われるべきである。いずれにしてもB君には何の責任もないのだから，療法家が保管場所を知っている限り，部品は取り出してB君に提供すべきである。当然，事前の対応を忘れていた療法家は，自分の非についてB君に謝罪すべきである。この謝罪は，治療構造が破綻しかけているという危機状況で，療法家がそれを修復するためとるべき必然的な行動であるとも理解できる。

―――― 考察・コメント ――――

現実には，療法家である私は，B君の訴えるような表情に衝き動かされ，ロッカーの中から作品を取り出した。上記のような意識的な考察はほとんどなかったといってよい。正直，「それ以外に何もできない」という直感のようなものだけが頼りだった。B君に「なんであんな所にあったの？」と聞かれ，私は〈ごめんね。昨日片付けの時に見つけてたんだけど，忘れていたの。A先生が元に戻すのを忘れていたのかもしれないね。A先生には私からちゃんとお話ししておくから，これは今，元に戻しておこうね〉と答えた。

結果的には，B君のプレイの内容はそれ以後大きく展開し，ある程度

の成果を得て終結となった。また，私はこのセッションの後すぐにA先生と連絡をとった。A先生も「約束は承知していたが，あなたがもしレゴブロックを使用していないのならそのままにしておき，そうでないなら元に戻してくれるよう連絡するつもりだったのを忘れていました」と，大変恐縮して謝罪してくれた。もちろん，A先生は作品を作った子への対応も適切に行ってくれた。さらに，月1回の他職種との会議の場で，この事例を報告したことで，治療構造の重要性について，職員全体で共通理解が深まり，より安定した仕事が可能となった。

　しかし，上記のような理解がまとまった言葉にできるようになったのは，面接終結後数年を経た，最近になってからのことであり，当時は私は未熟な療法家であったために，B君と一緒にやれなかったこと，残された課題がいろいろあったように思う。

　療法家が誠実であることは，特に子どもの治療においては必須であると今でも思うが，それはあくまでも治療以前の，人間としての誠実さと言える。心理療法の専門家であるからには，もっと積極的に，しかし慎重に，子どもの心の世界を理解し，子ども自身と共有していくことをしていきたい。子どもは，大人が想像している以上に，自分自身も含めた様々な身の回りのことについて知りたがっており，また，教えられなくても自分なりに解釈してイメージを作っている。そのイメージが不安に彩られたものとなるときに，様々な症状となってあらわれるのかもしれない。治療者の役割は，そうしたイメージを理解し，修正，あるいは発展，または再定義していくことではないだろうか。そうした意味でも，プレイにまつわるもろもろのことを言葉にして共有していくことは非常に大切なことであると考えている。

　駆け出しの若い療法家の職場として，教育相談室など，子どもを対象とした現場は結構多いのではないだろうか。イギリスのタヴィストック・クリニックで行われているような，その子専用の玩具を用いた精神

分析的な心理療法を行う構造になっている所はほとんどないだろう。大きな部屋で，玩具は種類も数も様々でしかも共用である場合が多い。そんな構造では，この事例のような「困った状況」になることはよくあるのではなかろうか。しかし，こうした「治療構造の危機」を，子どもと療法家が一緒にどう体験しているか，そしてそれをどのように扱うかということが大事であろう。それらがうまく扱えたとき，それが，その心理療法において重要なターニングポイントとなることがある。また，その職場の仲間同士で，こうした体験を共有し話し合うことで，職場の治療構造がより安定し，ひいては子どもたちのために役立つことになるように持っていけたら理想的ではないだろうか。

　それにしても，スクールカウンセリングや施設内カウンセリングなど，治療構造が安定しにくい現場での実践は非常に難しく，ある種の熟練が必要であると常々考えている。そのような現場のみなさんには，是非，週に1ケースでもいいから，安定した構造での臨床を実践されることをお勧めしたい。それがよりどころとなり準拠枠となって，難しい現場での実践がずっと楽になったという経験を私は持っている。それが叶わないならば，少なくとも，スーパービジョンを受けながら仕事をするのがよいだろう（Q 31，Q 32，Q 40 参照）。

Q40 大変なケースに，SOS！

　ある新人の女性心理療法家は，民間の相談機関での勤務を開始した。当初はインテーク面接のみ行っていたが，不登校を主訴とする14歳の素直そうで可愛らしい少女Aさんに出会ったとき，彼女のカウンセリングなら担当できそうに感じ，上司にそう報告したところ継続できることになった。初回面接では療法家として誠実に傾聴し，良い治療関係が築かれつつある手応えらしきものを感じていたが，面接を開始して数週間経つうち，Aさんは療法家のプライバシーに関する質問を繰り返したり，身体的接触を求めてきたりするようになった。療法家はAさんの依存欲求のあらわれかと思い，治療者としての立場を逸脱することのないようにふるまった。するとAさんは結果的に要求が受け入れられないことを理由に，リストカットをしたりチャットで知り合った男性とのデートを告白するなど問題行動を頻繁に示すようになった。さらにはAさんが以前に警察に保護されたり，精神科病院への入院歴があったりしたことも明らかになった。というよりは療法家の勤務する相談機関への来談そのものが，入院中に担当していた他の療法家に向けられた行動化のニュアンスを持っていたのである。この時点で，療法家は当初思っていたよりもはるかにAさんが手ごわいことに気づき，その治療は自分の能力を超えていると感じ，どこからどう対処していいのかと途方に暮れた。これ以上ひとりで対処することは無理だと考え，他の専門家の力を借りたいと思うが，一方で守秘義務も気にかかるのだった。療法家が立て直しを図る方策としてどのようなことが考えられるだろうか？

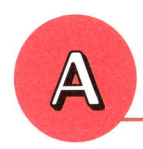

A-1 ▶ アセスメントおよび治療方針を見直す

　これまでの面接経過を振り返り，アセスメントをもう一度念を入れてやり直すことが大切であろう。私の経験した範囲では，この事例のような大幅に逸脱行動を示すケースの中には単なる思春期的混乱，ボーダーライン心性の持ち主というだけでなく，いわゆる境界レベルの知的能力，しかも下位項目にばらつきのあるタイプの割合が高かった。また医師から統合失調症の診断やその発症のおそれを指摘されていた人も少なからずいた。そこで治療関係を考慮しつつ，可能な範囲で心理テストを行うとよいだろう。

　ケースによっては当初の見立てからずれが生じることはやむを得ない。生活史や病歴，ことに入院の経歴や深刻な外傷体験は患者さん自身にとって十分には意識化されずに曖昧なこともあるし，思い出すことや口に出すこと自体が負担になるため容易に言語化されないことが多い。

　難しいケースは１人の療法家だけで抱えることに限界があるので，治療ネットワークを形成することが必要になる。他の専門家からの助言や情報提供といった後方支援を受けることもあれば，医師やソーシャルワーカーとの連携，病院や児童相談所など複数の機関での直接的援助が必要なこともある。もちろん両方が必要な場合もある。病理が複雑なケースは家族の病理も複雑なことが多いため，そちらにもなんらかの対応が必要になる。

　そのような治療のネットワークを形成することで，療法家もより安心感を持って治療に取り組むことができるだろう。

A-2 ▶ 先輩に相談してみる

　気軽に相談できて，守秘の点で信頼できる同僚や研究会仲間，先輩などの相談相手がいれば，それは駆け出しの療法家にとって大きな支えである。また上司や指導教官の中からスーパービジョンやコンサルテーションを受けることが可能なら，それも望ましい。ちなみに欧米では，心理療法を始めるにあたってイニシャルケースをスーパービジョン付きで行うのは半ば常識となっている。わが国でそれが必ずしも徹底していないことのほうが問題と考える向きもあるだろう。

　この事例のように自分の見立て違いに気づいたとき，新人の療法家は不全感や恥ずかしい気持ち，叱責されたり資質を疑われるなどして職場で不利になるのではないかという恐れ，あるいは守秘義務への配慮から上司や先輩への報告や相談を躊躇してしまうかもしれない。しかし患者さんにとっても自分自身にとっても痛手となる前に適切に対応したほうがよい。たとえ当初は相談相手と気まずい思いをしても，その後，相談相手にサポーターになってもらえる可能性はおおいにある。

A-3 ▶ 保護者に同伴や送り迎えを頼む

　患者さんが保護者と一緒に住んでいるのであれば，セッションに同伴したり，セッション中は待合室で待つなどの協力をしてもらうことが助けとなる可能性がある。患者さんの同意の下に，出来るだけ早いうちに保護者に問題の性質を伝え，治療を行ううえでの問題点や制約を理解してもらうことで，療法家は強い援軍を得ることになる。その場合，もちろん患者さんとの治療関係は重大な影響を受ける。患者さんは療法家が自分の親と共謀して治療を押し付けようとしていると感

じるかもしれない。しかしそれを犠牲にしても，安全で安定した治療関係が確保される必要がある場合も確かにあるのである。

A-4 ▶ 前任の療法家に戻す

来談そのものが他の療法家の治療に対する行動化のニュアンスを持っていたことがわかった場合，患者さんとそのことについてまずはしっかり話し合い，了解をとったうえで前任の療法家と連絡をとることが考えられる。このこと自体が治療的に意味があることも多い。また，開業の相談機関には当然ながら入院の設備もなければスタッフの職種も限られている。入院の可能性があるなど，多職種・多機関の連携が必要な患者さんには，より設備が整いマンパワーもある機関での治療が望ましい。

A-5 ▶ ベテランの療法家に担当を代わってもらう

現時点での自分の力量や開業の相談機関という構造では限界があると感じたので患者さんにそのことを率直に伝え，より経験がある療法家に担当を代わってもらうことにした。療法家の勤務先には患者さんの希望時間に合う療法家がいなかったので，他の機関を探し患者さんに伝えたところ興味を持ったので，これまでの経緯を書いた紹介状を作成して，患者さん了解のもと「なにかあれば連絡を」と書き添えた。数週間後，紹介先の療法家から電話がかかってきた。そちらでの治療契約が結べたとのことで，その後の患者さんの様子が伝えられ，「前任の療法家の誠実な対応に接したことは患者さんにとって意味があった。また，患者さんの抱えている問題に対する現実検討を促すターニングポイントになり治療のモチベーションがしっかりしてきているよ

うだ」と報告があった。

---- 考察・コメント ----

　新人の療法家から，スーパービジョンの受け方がわからないという声を聞くことが度々ある。かつては私（療法家）自身どうしたらよいのかわからず，悩み多き日々を送っていた。この本を手に取った方の参考になればとの願いを込めて私なりのスーパービジョン雑感を記してみる。

●スーパービジョンを受けるタイミング
　治療が膠着状態にあったとき，1回だけの契約でも早急にスーパービジョンを受けるべきだったと振り返るたびに思うケースがある。激しい行動化，例えば生命に関わるとか後に障害が残るような自傷，深刻な事件に巻き込まれるといったことが起こった場合，療法家も大きな心の痛手を負うことが多い。その場合，経験の豊かな療法家の意見が有効な導き手となることが多い。ある講演で「熱心な治療者で良いスーパーバイザーに恵まれなかった者は潰れる」という話を聞いたことは今も強く印象に残っている。必ずしもうまくいくとは言い切れないが，できることをし尽くしていればそのぶん悔やみが少ないはずだ。

●スーパーバイザーの探し方
　目標にしたい，あるいは尊敬している療法家がいれば，その方がたとえ有名で人気があり多忙なことが予想されても，思い切って連絡をとってみても失うものは少ない。そのような先生方が丁寧なお返事をすぐにくださってとても驚き，大感激したことが私の経験だけでも何度かある。そのような人柄や姿勢に触れることができたことがまず最初の，勉強になったことだった。また学会や各地の臨床心理士会によってはスーパーバイザーのリストを作っているので，事務局に問い合わせるのも一案だろう。
　いきなり経験や年齢のかなり上の方にお願いするより，身近な先輩の

ほうが率直に問題を話せる面もある。しかしその先輩では判断しかねる場合には，その方を通して相談できる，より頼りになるネットワークを持っている方がよいだろう。またかなり遠方の場合でも，新幹線や飛行機でスーパービジョンに通っているという話は案外多いし，電話やビデオを使用するスーパービジョンの方法も聞いたことがある。

● スーパーバイザーの頼み方

　直接自己紹介や希望条件を書いた手紙を送る，というのが私の知る範囲では一番多い。研究会の後などに直接打診するということもよくあるようだ。紹介者になってくれそうな人が身近にいれば相談してみてはいかがだろうか。

● その他もろもろの迷い

　例えば，治療があまり構造化されていないのに引き受けてもらえるのか，スーパービジョンのレベルについていけるのか，などの迷いがあれば，スーパービジョンをお願いしたい先生に，まずは有料で一度時間をとって相談にのってもらうのがいいだろう。

　また，スーパービジョンに対する考え方が定まらないときや経済的ゆとりがあまりないとき，複数の療法家で構成されるグループでのスーパービジョンを受けてみるという手もある。そのほうが敷居が低いし，多くの事例を聞いたり仲間を得られるという独自の魅力がある。

　スーパービジョンを受けることは，具体的なケースについてのアドバイスを得ることだけでなく，安心・信頼して関われる対象を持つことでもあり，療法家として人として見習うべき存在に定期的に接することでもある。そのような体験自体にいっそうの価値があるのだと感じる今日このごろである。

新しいケータイ

最近はいかがですか？

最近はですねぇ…

あ，最近ケータイ変えたんですよ

見てください ホラ すごい画像 きれいでしょ？

ちなみにコレはうちのオオクワガタです

あとこないだ職場の人たち写したんです。これが○○さんでしょで，えーとこれが○○さん…

見えます？

あーはい よく見えます♪

なんか話続くのかな？
職場はうまくいってるって言ってたけど…

あ，そうだ！
先生も写していいですか？

え?!

野原イメージ

んー硬いなぁ…
つまり私はこのように理解している訳ですが…
ふむふむ

次の回…
今日はちょっとイメージを浮かべてみませんか？
もう少し心の中がわかるかも…
はぁ別に構いませんが

では楽な姿勢で目を閉じて野原を思い浮かべてみてください
はい

何か見えてきたら教えてください
えっと…あ，だんだん見えてきました
どんなかんじでしょうか？
そうですねこれは…明朝体でしょうか？
あーそれは「野原」ってオイ
うわーツッコめる雰囲気じゃないしどうしたら…
あのーいつまで見てたらいいんでしょうか？

緊張感が…

緊張感が強いので
自律訓練を
覚えたいと？
そうなんです
あ，その前にちょっと
トイレ行ってきて
いいですか？
あ，どうぞ
ほんとに緊張がすごいんだなあ…
いえいえ
では練習して
みましょうか？
すみませんでした
はい
では楽な姿勢で
座ってください
あ，すみません
その前にちょっと
いいですか？
はい？
すみません，すぐ
飲みますから
もうちょっと待って
くださいね
頓服
不安時
おいおい…。今飲む？

うつ病？

この本読んだら全部あてはまって。私，うつ病みたいなんです

フムフム

〈初回面接〉

なんかこっちの方があてはまるみたいで。PTSDっていう…

え？ というと？

どんな外傷体験が？　〈6回目〉

この本読んで私，アダルトチルドレンだったことに気づきました

あー，はい…

そうくるかなと思ってたらやはり　〈15回目〉

自分の病気がやっとわかりました！

自閉症だった私へ…　ドナ・ウィリアムズ

マジですか　〈24回目〉

あ と が き

　全体の校正作業も終わり，少しほっとした気分でこのあとがきを書いている。思えば1年ほど前，「こんなアイデアで一緒にやりませんか？」と心理療法研究会に呼びかけることからこのQ＆Aのプロジェクトが始まった。回を重ねるのに並行して続々と出来上がってくる原稿を前にして，「みんな，よく頑張るな」という感慨とともに，また私の思いつきに付き合わせてしまっているのではないか，というちょっとした後ろめたさもあった。

　出版は仕事を世に問うことであり，読者に貢献することである。そして私達はそれに見合うだけの労力は注いだつもりだ。しかし本書の出版には研究会にとってもうひとつの意味があった。もともと研究会の趣旨は「心理療法とは何か」について深く考え直すということである。そしてその目的を果たすうえで，本書の作成はひとつの大きな動機付けとなったのである。

　本書を製作する過程で，すくなくとも研究会のメンバーはここに用意された40個のQについては，問題意識を触発されるということでは意見を一致させている。何しろメンバーの間で提出され，討論を行い，校正等で繰り返し読み，それらに対するAについてあれこれ考えたQだからだ。これらのQに類似する臨床状況では，討論する以前よりは，少しは迷いや後ろめたさの少ない対応が出来るはずである。

　ただし一般の心理療法家の読者によっては，かなり事情が異なる可能性がある。本書に挙げられたQのあるものについては「どうしてこんな状況について改めてAが論じられる必要があるのだろう？　自分だったら迷わずA-1（あるいはA-2，A-3）の路線で対応できるのに」な

どの印象を持たれるかもしれない。その場合には意味を持たないQについては読み飛ばしていただければいいのであるが，読者の反応はそれにはとどまらないかもしれない。「このQ＆Aを作るという発想そのものが理解できない」というレベルでの疑問を持たれる方もあろう。そうなると本書は手にとってもらうことさえないだろう。若干つらいことだが覚悟しておかなくてはならないことである。ちょうど心理療法家が自分の言葉が患者さんに決して伝わらない可能性をも，常に覚悟しておく必要があるのと同様なのである。

　ついでにこの心理療法研究会に関してひとこと触れておく。この研究会には特に規則とか契約といったものはない。私が呼びかけて音頭を取るという以外は，発言にタブーはないことになっている。たとえて言えば，私が指揮者となったオーケストラのようなものである。ただし演奏者たちは指揮者のことをあまり気にしていないようだ。頼りにならないのだろう。曲の始まりと終わりだけ注目して，後は比較的自由に演奏をしていいことにしている。時々どこかで知らないアンサンブルが始まることもある。演奏の後，勝手にどこかで気炎を上げるようなことはむしろ推奨している。

　現在は研究会は人数の関係もあり，クローズドになっているが，内部に特に規約もなく会費もなく，場所も職場の会議室を無料で貸していただいている。本当に臨床に興味があり，私と共に臨床体験を語り合い，それを表現することに興味がある人が参加する，といういい加減な構造（最近私はこれを「柔構造」と呼ぶことにしている）だから，ここまでやってこられたのであろう。ただしそれは，参加者が必要を感じなくなった場合にはいつでも去っていくという緊張を含んだ関係でもあるのである。これも心理療法と似ていることになる。

　最後にここ数年片腕となって会を支えていてくれている田中克昌さん（精神科医），スーパーバイジーのリーダー格である心理士の松井浩子さ

ん，加藤直子さんの助力に感謝する。またこの場を借りて，この研究会の仕事の出版をお引き受けくださった星和書店のアイデアマン石澤雄司社長には深く感謝したい。また星和書店の有能かつ美貌の編集者桜岡さおりさんのお力を借りたことも非常にラッキーであった。

　本書が一人でも多くの心理療法家や，その患者さんたちのお役に立つことを祈っている。

「心理療法研究会」主宰　岡野憲一郎

著者紹介

田中 克昌（たなか かつまさ）　精神科医
兵庫県生まれ。神戸大学医学部卒業。有馬病院勤務。「女性心理療法家のためのQ&A」であるはずなのに，女性でもなく心理士でもない立場から，いくつかの項目を書かせていただきました。ですから，ちょっと頓珍漢なQ&Aがあれば，それは私のものである可能性が高いと思います。また，皆さんの原稿のいくつかを最初に編集する仕事をさせていただきましたが，個々のQ&Aそのものにもそれぞれの方の個性がかなり反映されることがわかり，興味深く感じられました。逆に考えますと，Q&Aはまだまだ無数といっていいほどにたくさんあるのでしょう。

松井 浩子（まつい ひろこ）　臨床心理士
東京都生まれ。横浜国立大学大学院教育学研究科学校教育心理学研究専修。国際医療福祉大学三田病院，野口クリニックさぎぬま研究所ほか勤務。「心理療法に正解はない」と感じます。目の前にいる患者さんから学ぶことで，多くの理論が発展してきました。人の心は宇宙のように豊かで謎に満ちており，偏った思い込みは，その発展可能性を閉ざしてしまいます。死ぬまで飽きることがないだろうこの仕事と共に，人生を全うしたいです。

加藤 直子（かとう なおこ）　臨床心理士
東京都生まれ。国際基督教大学大学院教育学研究科臨床心理学専修。国家公務員共済組合連合会九段坂病院勤務。Q&Aに設定された様々な場面での介入可能性を考えることは，人の心の広がりと深さを改めて実感する経験になりました。人の体験の意味は，そうした心の広がりと深さの中で変わっていくのだということを心に留め，学ぶことを続けていきたいと思います。

遠藤 夏美（えんどう なつみ）　臨床心理士
精神科クリニック，女性相談センター，子ども家庭支援センター等を経て，現在，更生施設・宿所提供施設および宿泊所にて心理士として勤務するほか，大学のメディカルセンターのカウンセラー，大学非常勤講師としても勤務し，臨床と研究・教育活動を続けています。人の「心」に惹かれ，臨床の道に進んできました。「勉強する臨床家」でありたいと思っています。Q&Aは本書を読まれる方と同じ想いを共有するつもりで書いてみました。

尾方 文（おがた あや）　臨床心理士
埼玉県生まれ。池袋カウンセリングセンター，成城墨岡クリニックほか勤務。小さな頃からマンガが大好きで，心理士を志したのも，ユングの伝記をマンガで読んだことがきっかけでした。今回思いがけず，読む側から描く側に……戸惑いつつも，とてもおもしろい経験をさせていただきました。拙い絵ですが，笑ってもらえたらうれしいです。

落合 尚美（おちあい なおみ）　精神科医
北海道生まれ。兵庫医科大学医学部卒業。総合病院精神科勤務。今回，女性心理療法家のテーマを考える時間はとても有意義でした。女性メンバーだけでなく男性の視点もしっかり入っており，魅力的な内容だと思います。個人的には，大学病院や精神科病院にも長くいたせいで，子どもの診療・社会復帰施設・ひきこもり問題，など節操なく学び，あっという間に十○？年経ってしまいましたが，精神医療の面白さをますます感じる今日この頃です。

川瀬 育子（かわせ いくこ）　心理療法士
東京都生まれ。精神科クリニック勤務。杏林大学英語中中退後，米国マーレー州立大学社会学部卒業。同大学で臨床心理学修士号を取得。Q&Aを作っていくなかで改めて感じたことは，ひとつの状況に対して実に様々な見方ができるということ。そして，だからこそ常に柔軟で自然な姿勢でいたいということ。当たり前のことのようだけど難しい，それを日々心にとどめて，これからも毎日が勉強です。

佐々木 敏恵（ささき としえ）　臨床心理士
早稲田大学大学院人間科学研究科修了。精神科病院，専門学校講師，弁護士事務所カウンセラーなどを経て，現在は保健同人社心の相談室，東京都スクールカウンセラーほか勤務。このQ&Aは，一生懸命だった初心の頃を思い出しながら，楽しんで書くことができました。様々な貴重な経験をさせていただいた，これまでの職場で出会った方々に感謝しています。趣味は植物を育てること，芸術鑑賞，クロマチックハモニカなど。

柴田 育穂（しばた いくほ）　臨床心理士
大阪府生まれ。早稲田大学大学院人間科学研究科修了。クリニック，電話相談などの勤務を経て，現在は産業臨床に携わっています。どのフィールドに身を置くとしても，心理士としての「センス」を持っていることが大切なんだと日々思います。このQ&Aを通して，少しでもそのセンスを磨くことができればと思うのですが……。日々あれこれ模索中です。

庄子 牧子（しょうじ まきこ）　臨床心理士
青森県生まれ，宮城県（仙台市）育ち。東京国際大学大学院修了。精神科クリニック，カウンセリングセンター，公立小学校スクールカウンセラー等を経て現在は精神科病院と公立中学校スクールカウンセラー，開業相談機関で勤務。Q40の原案を担当しました。当初素朴な雑感だったものが研究会の皆さんの力で洗練された有用なものになりました。個人スーパービジョンや集団精神療法のトレーニングでも「仮説をいくつも立ててみること」という指導を常々受けており，この本のコンセプトとも合致するように感じます。この本をAを増やす練習帳とし，その中からベストを選んでいけるよう精進していきたいと思います。

代 裕子（だい ゆうこ）　臨床心理士
東京都出身。東京都立大学で心理学を専攻。銀行系ソフトウエア会社プログラマー，専業主婦を経て，紆余曲折の末に現職。現在は公立学校，児童福祉施設，某精神分析的心理療法研究所などで勤務。長年，趣味でフルートを吹いてきましたが，人生折り返したところでチェロも始めました。アマチュアオーケストラに所属し，クラシックを演奏する一方，ロックバンド「ザ・クロマニヨンズ」の追っかけに命を燃やし，日本全国をまたにかけています。

髙倉 恵（たかくら めぐみ） 臨床心理士

東京都出身。武蔵野女子大学大学院修了。池袋カウンセリングセンター，ほづみクリニック精神科デイケアほか勤務。自分の性格を分析すると「行動は大胆だけど案外小心者で，一見社交的だけど実は人見知り」といったところでしょうか。心理療法家としてはまだまだ駆け出しですが，研究会の良き仲間に支えられつつ，日々の臨床活動に奮闘している毎日です。

高梨 利恵子（たかなし りえこ） 臨床心理士

東京都生まれ。早稲田大学大学院文学研究科心理学専攻修了。爽風会佐々木病院，「こころのドア船橋」勤務。これまで精神科クリニック，スクールカウンセラー，精神科救急電話相談員，看護学校講師などを経験して現職へ。主に思春期青年期，人格障害のケースと格闘する日々です。理論と臨床との狭間で悩むことも多かったのですが，このQ&Aを作成しているうちに，どのような現場にも通用する，ちょうどいいバランス感覚が芽生えていったような気がします。

舘野 由美子（たての ゆみこ） 臨床心理士

兵庫県生まれ。早稲田大学大学院文学研究科心理学専攻博士課程修了。現在，虎の門病院分院勤務のほか，小中高校のスクールカウンセラーとして勤務。「人は，何をどのように感じ，どのように考え，どのように行動するのか？」そんなことに興味があって心理学を勉強し，あっという間に 20 年が経過。まだまだわからないことがたくさんあり，人間の心の奥深さに魅せられています。このQ&Aを出版する過程では，多くの仲間に思いもつかないグッドアイディアをたくさん教えてもらい，仲間の存在に心から感謝しています。

田中 久美子（たなか くみこ） 臨床心理士

高知県出身。鳴門教育大学大学院修了。宝塚市立教育総合センター勤務。単科の精神科病院にどっぷりはまり，デイケアなどで患者さんたちに育てられていました。現在は，母子特に，子どもさんに教えてもらっている日々。Q&Aでは，現実は小説より奇なりというけれど，本当にそうなのだなあと感じさせられますし，そうした経験を患者さんに，その人に合った形で還元していけたらと思っています。

著者紹介

千金楽 絵里（ちぎら えり） 臨床心理士
東京都生まれ。東海大学大学院文学研究科修了。中学校スクールカウンセラー，大学学生相談室カウンセラー，電話相談員として勤務。このQ&Aを執筆中，クライエントとの出会いを振り返り，懐かしさやほろ苦さ，楽しさがこみあげてきたものです。支えてくれた仲間たちに感謝しつつ，この成長をまた現場で生かしていきたいと思います。

堀田 仁美（ほった さとみ） 臨床心理士
福岡県生まれ。お茶の水女子大学大学院人間文化研究科発達社会科学専攻修了。現在，公立相談機関の専門相談員，心療内科クリニックの心理士として勤務。Q&Aづくりを通して感じたこと：Qはきっと無限大。日々の臨床実践＆トレーニングの中で，Aの引き出しをこつこつ増やしていきたいものです。

諸見 秀太（もろみ しゅうた） 臨床心理士
沖縄県生まれ。早稲田大学大学院人間科学研究科修了。現在は公立の教育相談室や東京都スクールカウンセラー，知的障害児通園施設，夜間電話相談などで勤務。近い将来，地元にもどって臨床活動を行っていきたいと模索中です。今回のQ&A作成をとおして，「こういうことができるんだ！」というものがたくさん発見でき，面接中に時折おちいる，思考が滞りしばられる感覚を和らげるヒントについて楽しく考えることができました。

編者紹介

岡野憲一郎（おかの けんいちろう）

精神科医，医学博士，臨床心理士，米国認定精神科専門医，精神分析家。
1956 年　千葉県生まれ。
1982 年　東京大学医学部医学科卒業。
1986 年　フランス・ネッケル病院にて研修。
1987 年　アメリカ・メニンガー・クリニックにて研修・レジデント。カンザス州ショウニー郡精神衛生センター医長を経て，2004 年帰国。
現在，国際医療福祉大学臨床心理学専攻教授。心のクリニック石神井，聖路加国際病院，国際医療福祉大学三田病院，山王病院に勤務。
『忘れる技術―思い出したくない過去を乗り越える 11 の方法』（創元社，2006），『気弱な精神科医のアメリカ奮闘記』（紀伊國屋書店，2004），『自然流精神療法のすすめ―精神療法，カウンセリングをめざす人のために』（星和書店，2003）ほか，著書多数。

女性心理療法家のための Q&A

2007 年 7 月 9 日　初版第 1 刷発行

編　　者　岡野憲一郎
発行者　石澤雄司
発行所　㈱星　和　書　店
　　　　〒168-0074　東京都杉並区上高井戸 1-2-5
　　　　電話　03(3329)0031（営業部）／(3329)0033（編集部）
　　　　FAX　03(5374)7186
　　　　http://www.seiwa-pb.co.jp

Ⓒ 2007　星和書店　　Printed in Japan　　ISBN978-4-7911-0632-5

自然流 精神療法のすすめ 精神療法、カウンセリングを めざす人のために	岡野憲一郎 著	四六判 300p 2,500円
ありがちな心理療法の 失敗例101 もしかして逆転移？	R.C.ロバーティエロ、 他著 霜山徳爾 監訳	四六判 376p 3,340円
リエゾン心理士 臨床心理士の新しい役割	保坂隆 監修・著 町田いづみ、 中嶋義文 著	A5判 204p 2,400円
卓越した心理療法家の ための参考書 星の王子さまと野菜人格	エレンボーゲン 著 篠木満 訳	四六判 328p 2,400円
精神科における 予診・初診・初期治療	笠原嘉 著	四六判 180p 2,000円

発行：星和書店　http://www.seiwa-pb.co.jp　価格は本体(税別)です

動機づけ面接法
基礎・実践編

W.R.ミラー、他著
松島義博、
後藤恵 訳

A5判
320p
3,300円

パーソナリティ障害

マスターソン 著
佐藤美奈子、
成田善弘 訳

A5判
412p
3,800円

バイポーラー（双極性障害）ワークブック
気分の変動をコントロールする方法

M.R.バスコ 著
野村総一郎 監訳
佐藤美奈子、
荒井まゆみ 訳

A5判
352p
2,800円

「うつ」を生かす
うつ病の認知療法

大野裕 著

B6判
280p
2,330円

CD-ROMで学ぶ認知療法
Windows95・98&Macintosh対応

井上和臣 構成・監修　3,700円

発行：星和書店　http://www.seiwa-pb.co.jp　価格は本体（税別）です

認知療法・認知行動療法 カウンセリング 初級ワークショップ	伊藤絵美 著	A5判 212p 2,400円
〈DVD〉 認知療法・認知行動療法 カウンセリング 初級ワークショップ	伊藤絵美	DVD2枚組 5時間37分 12,000円
認知療法・認知行動療法 面接の実際〈DVD版〉	伊藤絵美	DVD4枚組 6時間40分 [テキスト付] B5判 112p 18,000円
認知療法実践ガイド・ 基礎から応用まで ジュディス・ベックの認知療法テキスト	ジュディス・S・ベック 著 伊藤絵美、神村栄一、 藤澤大介 訳	A5判 464p 3,900円
認知療法全技法ガイド 対話とツールによる臨床実践のために	ロバート・L・リーヒイ 著 伊藤絵美、 佐藤美奈子 訳	A5判 616p 4,400円

発行：星和書店　http://www.seiwa-pb.co.jp　価格は本体（税別）です